3G 圓滿人生 ❷

退休後的幸福

Do Good, Feel Good, Look Good

善寧會 編著

獻辭

陳重義博士

「善寧會」執行委員會主席

　　「善寧會」始創「3G：Look Good, Feel Good, Do Good 圓滿人生輔工課程」至今已成功舉辦了二十屆。「3G 同學輔工團」目前共服務十三間協作機構，為社區長者及晚晴者提供「3G Do Good」活動及恆常探訪。本書於 2018 年修訂再版，配合迎向 3G 十週年，可喜可賀！

　　香港人口老齡化情況日益嚴重，「善寧會」提倡以「晚晴照顧．齊來守護」彰顯殷切助人之心。「3G 圓滿人生」項目，為退休人士準備「活好老年」，安排身、心、社、靈學習課程，具有深遠的意義。

　　2017 年 9 月 28 日，隨着「賽馬會善寧之家」由香港特別行政區行政長官林鄭月娥女士揭幕，「善寧會」邁進新紀元，為社會老齡化的需要作出新貢獻。以創新的理念，投入營運一間有園林美景及雅致溫馨家居式入住單位的紓緩照護設施，並由一流專業團隊提供全人全程善寧之心的晚晴照顧。

　　展望 3G 項目的發展，第一屆至第二十屆 3G 同學正在籌劃成立「3G 輔工團基金會」，群策群力，開拓與學術機構合辦退休人士課程，以及與更多的社區長者團體協作，推廣「3G Do Good」服務。

　　「善寧會」作為始創機構，予 3G 同學積極鼓勵及大力支持，期望造福全港退休人士！

獻辭

王紹強 MBE

善寧會執行委員會主席（1993~2017 年）
善寧會會長（2017 年~　）

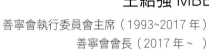

欣見「善寧會」生死教育工作延伸至退休人士。

作為倡議的先驅，我們秉承珍惜生命、積極人生的宗旨，回應香港社會老齡化，為退休人士「活好老年」作準備，開拓了嶄新的「3G：Look Good, Feel Good, Do Good 圓滿人生」輔工課程。

課程至今已成功舉辦了二十屆！多謝贊助者及認同「善寧會」使命的專家與學者，貢獻了心力和時間擔任講師及導師；感謝聯合創辦機構「基督教家庭服務中心」協作實踐部份。

歷屆 3G 同學，以他們的熱忱和承擔，成立了「3G 同學輔工團」，繼續 Do Good 做好事，為老年長者、末期癌症病人及其家人、喪親人士，提供關顧服務。歡迎他們成為「善寧會」的生力軍！

期望透過這本書，為全港退休人士提供分享「3G 圓滿人生」輔工課程的機會。

謹祝讀者 3G：Do Good, Feel Good, Look Good！

序

　　幾年前，當 Yvonne（蕭孫郁標女士）向我提及「3G：Look Good, Feel Good, Do Good」的概念時，我就給這個概念吸引。一方面因為它簡單、直接、容易明白；最重要的是它帶給退休人士一個達至圓滿人生的努力方向，而且聽來不難實踐。

　　我從事社會服務及長者服務多年，留意到社會服務機構為退休人士提供的服務，着眼點大多數在於提供實質支援，或者鼓勵退休人士持續學習及繼續參與社會，不致於和社會脫節。這些服務都是重要的，但服務理念就比較少從退休人士的角度整全地看到他們的需要。新一代退休人士大部份是有學識的一群，在他們步入人生第三齡的時候，他們的思想和需要與上一輩的長者自然有所不同。傳統的服務很可能沒有敏感地覺察這個改變，對新一代退休人士整全心靈的需要沒有深刻了解，致使服務與需要脫節。而 3G 計劃的宣言卻能夠直指第三齡人士對生活的終極企盼，甚至把 3G 發展成對圓滿人生的追求。3G 計劃的出現或許可以對社會服務的設計帶來新的啟示。

郭烈東 JP
基督教家庭服務中心 總幹事

Yvonne 邀請「基督教家庭服務中心」參與 3G 的試驗計劃，我於是就想出了社會服務「輔工」這一個概念。顧名思義，「輔工」就是輔助社會服務機構推行社會服務的工作人員。在 3G 計劃中，這是 Do Good 的一個環節，是退休人士服務人群的一個途徑。透過 3G 輔工，基督教家庭服務中心得到一群有心有力的退休人士協助我們推行社會服務。幾年下來，「基督教家庭服務中心」的輔工已發展成為一個輔助專業人員系統，獲得超過一百位退休人士協助我們恆常推行服務。事實上，3G 的試驗計劃開創了先河，也帶來了改變。

今天 3G 完滿人生課程內容印刷出版，以供同業參考，本人認為極具意義，謹此致賀。

主編的話（2012 年）

導讀

- 本書全部的講課內容，均依照嘉賓講者課堂錄音據實默寫，再請相關講師勘正，加標題或予以「增、刪、潤、飾」。為忠於原講課內容採用粵語，故此文字風格較口語化，卻不失多位講師之誠摯流露。

- 本書第二部份的「工作坊」，導師所設計的習作均屬「互動式」（interactive）或「參與式」（participatory）或「體驗式」（experiential），並經有效實踐，可供各位讀者在閱覽後，自行試做。「工作坊」的習作，亦可以由社工 / 同工於主持「研習班」時，邀請參與者一齊進行。

- 如果你是退休的人士，建議你在開始閱讀第一部份講座課文之前，首先試做一次第二部份「塑造未來」工作坊的「退休心態」問卷及習作，以釐定自己退休後的身、心、社、靈狀況。之後再閱讀第一部份課文，閱畢再做一次同一問卷及習作，自己可以比較是否有差別。

蕭孫郁標 BBS（左）
方玉輝醫生 MH（右）

> ・ 如果你平常很少接觸有關「死亡」的資訊，也從來未有參加與「死亡」相關的討論，建議你在閱讀第一部份第五章「晚晴照顧」之前，先試做一次第二部份「人生未了的心頭事」工作坊的問卷及習作，嘗試接觸這不容易面對的題目。
>
> ・ 如果家中有年老長者，或需要做護老者，懇請參閱第一部份廖志玲姑娘「與長者及護老者的溝通技巧」之課文，定有裨益。

　　「3G 圓滿人生」輔工課程得以編纂成書，首要銘謝各位講師及導師的無私分享。〔惟有些課文基於版權或某些技術考慮，不克收錄出版，謹此致歉。〕

　　本書的製作，感謝余英銳擔任義務美術總監及封面及插圖設計；李樂詩博士賜贈珍貴的極地照片；陳丘敏如、鄭捷欣、勞榮斌、楊桂蘭、周錦翠、張國忠、陳愛娜參與編輯小組的工作；一眾 3G 同學協助提供照片及部份校對。在此，也向萬里機構出版有限公司的責任編輯謝妙華致意。

　　謹以此書獻給所有退休人士及他們的家人。為「活好老年」作準備。實踐 "3G：Do Good, Feel Good, Look Good" 圓滿人生，共勉！

主編的話（2018 年再版）

至 2017 年，「3G 圓滿人生」輔工課程已經成功舉辦共二十屆。趁這趟再版，我們得到四位增添的嘉賓講師：沈茂光醫生（131 頁）、莫俊強醫生（59 頁）、林俊傑教授（87 頁）和酈月梅姑娘 （177 頁），應允把講課內容一併收錄；又得到李樂詩博士再賜贈極地照片及 3G 同學余英銳再設計插圖，魯慕瑤及張凱嫻加入編輯小組，謹此致謝。

修讀這個課程，3G 同學不僅學會了「接受社會身份的改變，認識身體的自然退化，珍惜活着的每一天」，更透過實踐輔工服務，親身體會 Do Good 的信念：「能夠使別人開心，自己就開心！」

蕭孫郁標 BBS（左）
方玉輝醫生 MH（右）

　　在此，銘謝十三間協作夥伴機構，給予 3G 同學輔工團有機會服務老弱的長者及末期病患者，包括基督教家庭服務中心養真苑、上水鳳溪護理安老院、黃鳳亭頤安苑護理安老院、香港東區婦女會福利會伍少梅安老護理院、律敦治醫院日間紓緩中心、救世軍大埔長者日間護理中心、伸手助人協會樟木頭老人度假中心、伸手助人協會麗瑤白普理護老院、靈實司務道寧養院、志蓮淨苑志蓮護理安老院、安貧小姊妹聖瑪利安老院、聖母潔心會慈星閣仁愛服務中心及善寧會賽馬會善寧之家。

　　2018 年，我們積極開拓與辦學機構及院校合作開辦「3G 圓滿人生」輔工課程的機會。祈望藉此向廣大退休人士提倡「活好老年」作準備，為退休生活賦予意義，也為香港社會老齡化盡一分力。

前言
退休後的幸福

倡議退休人士學習「活好老年」

實踐 3G：Do Good，Feel Good，Look Good 圓滿人生

退休：進入人生新階段；「活好老年」，是需要學習的。

人生最大的恐懼莫過於對未來的「無知」。如果能夠學習並掌握相關的知識，不單止可以減輕恐懼，更可以為不能改變的事實提早作出準備。

那一年，我決定退休，回饋社會做些公益慈善事。一位曾經教我健身的好友殷切地提醒：「你要記住繼續保持 Look Good & Feel Good！」，我唯唯諾諾；心想有自信心，自然有這些表徵啦！

感謝上天的恩賜，有機會參與「善寧會」的服務，讓我感受到一種更深層發自心坎的 Feel Good。從開始接觸寧養照顧、哀傷輔導、開辦照顧員課程及到社區推廣生死教育，我有很多觸動心靈的經歷。猶記得初次到社區為長者舉辦「慶賀人生每一天」敬老活動，完場時，一位婆婆悄悄走過來，往我手裏塞了一件小東西，低聲說：「我自己做的，特別送給妳。」一看，是一個用小膠珠穿成心形的鎖匙扣。收到這件禮物，當時心中激盪的愉悅 Feel Good 感覺，不可言喻。其

蕭孫郁標 BBS（左）

善寧會執行委員會委員（2003~2017 年）
「3G 圓滿人生」輔工課程發起人

後，遇到年老公公婆婆握我手說多謝，或是癌症病人一個感激的目光，都會令我心中泛起這特別的 Feel Good 感覺。從那些體會，我明白真正的 Feel Good 來自用心去 Do Good 做好事。"Do Good" 就會 "Feel Good"，"Feel Good" 就自然 "Look Good" 咯！ 這就孕育了「3G」的意念。

香港社會老齡化，達六十歲退休年齡的已有百萬大軍。若看人均壽命〔2011 年人口數據〕，退休後男性大約還有二十年，女性則大約還有二十五年。其實正值人生最豐盛的 3E 時期 ： 有 Expertise，Experience 和 Energy。如果能夠把這寶貴的 3E，作為 Do Good，回饋社會做義工服務，就真有意義了。

然而，退休之後的人生，要面對三項不能逃避的衝擊：（1）社會身份的轉變，（2）身體機能的退化，（3）步向生命的終結。怎樣適應和處理這三項衝擊，正正是需要學習的。「善寧會」一向以來為老年長者提供生死教育，宣揚積極活好每一天。我想可以進一步把服務延伸至退休人士，協助他們學習積極活好往後的二三十年，3G：Do Good，Feel Good，Look Good 這信念就恰恰可以用上了。

心中理想是有特設課程，指導退休人士怎樣「活好老年」，達到「圓滿人生」，為踏入老年提供社會心理範疇的知識，營造一個良好的心靈環境，也為預防老來多病、多抑鬱，作出些貢獻。

　　2008年開始啟動，與陳丘敏如〔前「善寧會」發展總監〕、關錦勳〔前「善寧會」執行總監〕着手策劃一個優化退休學習的嶄新「3G」課程。教學大綱採用了「善寧會」生死教育「全人照顧」的理念。一系列的課程涵蓋身、心、社、靈、養生、社區服務與實踐等七大元素。並邀請專家學者專題講課，設計互動式、參與式及體驗式工作坊，配合每一單元，引導退休人士學習去認識、接受、及準備「活好老年」。課程名為「3G圓滿人生」。

　　慶幸在廣播事務管理局結識了同是委任成員的郭烈東先生。他是「基督教家庭服務中心」總幹事，資深社工，對於老人服務方面有深厚經驗。他認同退休人士是社會一個寶貴的資源；又認為可以參考輔警、輔助醫療人員，把退休人士義務工作提升為「輔工」，並擬定一個實習計劃，配合3G「圓滿人生」去實踐Do Good。要「活好老年」，向年老長者學習就是最適當不過了。「基督教家庭服務中心」成為「善寧會」合辦機構，負責為探訪年老長者配對服務對象。先導班於2008年10月展開，期間得到資深人士黃汝璞女士，麥秋先生，陳奕茂先生等支持，「3G圓滿人生」輔工課程便成就了。

　　感謝歷來應邀的專家、學者、導師、嘉賓講者的參與。自2009年6月開始，至2012年3月「3G圓滿人生」輔工課程，已合共舉辦了十屆。Do Good實習部份也從「上門」探訪老年長者擴展至個別老人院舍〔協作機構包括「基督教家庭服務中心」屬下「養真苑」，及香港東區婦女福利會屬下「伍少梅護理安老院」〕。

　　感謝歷屆的同學，承諾實踐3G的使命：「裝備自己，迎向人生新階段，益己益人，達到圓滿人生」；又為有機會參與服務而感恩，共同成立善寧會屬下「3G同學輔工團」，定期為

老年長者及末期癌症病人及其家人，提供探訪、陪伴、「歡樂時光」及「請飲茶」等外遊活動。

創立 3G 課程至成立輔工團，四年多以來，我從導師及同學身上，學了很多，也感悟了很多。退休之後，人生不再貴乎「我能做」，而是「我能在」。就如袁家慧博士的講課：「不再由外界去釐定你是怎麼的，而是有機會活出你的真我。」雖則 Do Good 不一定用得着退休前的專業技能和經驗，卻可以讓退休人士把一直以來被繁忙工作所掩蓋的愛心重新發掘出來去呈現。記取鄭生來神父的講課：「要讓自己的《好》浮出來……希望別人的《好》也浮出來。」3G 輔工以發自內心的《好》，去引發老年長者的《好》；那種 Feel Good 的愉悅和幸福感，是用金錢也買不到的。

節錄一位 3G 同學的分享：「Give of Myself。Forever Do Good」：那怕有一天，體能和力量都已匱乏，只要心中仍然「好」，就可以讓「好」浮現出來，去祝願別人「好」。正如老人院舍被受照顧的公公婆婆祝願往探訪的「3G」同學「好」。因為「好」與祝福，不受身份、體力、面對生命終結而受限制。

因着「3G」同學輔工團的好榜樣，宣揚 Do Good 於社會，就可以期待到有一天，下一輩的退休人士也會去探望、陪伴年老的「3G」公公婆婆哩！「一個社會的良心，就看它怎樣對待年老的長者。」

最後，銘謝方玉輝醫生大力支持「3G 圓滿人生」輔工課程，並為玉成製作此書一事，俯允共同主編，得以付梓。

整個課程及印製此書的經費，得到 3G 同學於 2009 年 3 月舉辦的「3G 圓滿人生粵曲籌款晚會」支持；又獲 3G 同學家人慷慨捐贈港幣十萬元正，特此致謝！

二〇一二年夏

目錄

講課內容

退休人士的社會角色轉變

認識身體的自然退化

養生與食療

心靈的快樂與豐足

「讀者自學」工作坊

實踐 3G 參考

附錄

李樂詩攝影

講課內容

「作為由在職人士轉為退休人士的身份提升給自己的第一份禮物……
每晚睡覺前，寫下三件當天自己很感恩的事情，
然後在事件旁寫上感恩的原因。每天做一個這樣的日記。」

——陳麗雲教授

李樂詩攝影

退休後怎樣好呢？

退休前，每天無需煩惱找甚麼做：起床、「自動」梳洗、上班，工作全是公司（上司）安排的，有了所有程序；跟着下班、回家、吃晚飯、睡覺。星期六與星期日會做多點家中事務。

現時人類的平均壽命愈來愈長，香港人的平均壽命——女士八十五歲，男士七十九歲。假如你嫁給一個跟你同齡的人，你很可能要做六年寡婦。假如你嫁給一個年長你十歲的人，你很大機會要獨自一人生活十多年。在這種情況下，生命中四份之一的日子（退休後）應該怎樣處理呢？怎樣令這段日子仍然有它的美好呢？

退休人士的社會身份轉變

陳麗雲教授JP

香港大學社會科學學院副院長
思源基金健康及社會工作學教授
香港大學社會工作及社會行政學系教授

女士的就業率在二十五至二十九歲時是最高峰，之後因着生 BB、湊小孩等因素，就業率便開始下跌得很快，即有不少的婦女都選擇不出外工作。男士的就業率則在五十多歲時才開始下降。

雖然香港的婦女就業率已經算高，但其實在五十歲或以上的群組中，已大約有四成多的婦女沒有出外工作。假如你到了這個年齡，有些朋友仍在工作，自己則沒有工作，你怎樣打發時間呢？六十歲以上之後，其實只有少於百份之十的婦女仍有外出工作；這樣，餘下九成多的婦女，在六十歲以後，怎樣仍可積極地投入生活呢？

人們常常對退休有種種誤解：認為一退休就沒事可做，也等同沒有用，身體會變差，也很快死去。

對大家來說，退休是得還是失呢？有得有失吧。有時間來參加這個《3G 圓滿人生》輔工課程，當然是得多於失吧。失去的就是固定收入、社交圈子和穩定性。以往有工作時，你不用費心，去到工作的地方，有事情等着你應付，這種穩定的感覺對我們來說，其實很重要。相反，退休後又得到甚麼？新的身份，時間靈活充裕，可以做自己想做的事情，參加課程，又可以去健身、學唱粵曲等。

怎樣過退休生活？

你想怎樣過你的退休生活呢？種花、唱歌、打球？這都是你自己可以作主的。你可以周遊列國、照顧孫兒、持續進修、當導師，教導別人一些東西也是很有意義的。你有沒有一些拿手好菜可以教我們？有沒有一些編織毛衣的 pattern 可以分享？每個人總有一些大大小小的專長，我擅長剪紙，你擅長唱歌，他又擅長梳頭……每個人都有不同的專長，我們可以互相教導別人。

有關理想的退休，我可以給大家一些錦囊。第一個錦囊就是退休前開始計劃退休的生活。有些人說千萬別退休，一退休就會死的，退休導至很快去世在統計學上沒有明顯的關係。另外，女性的適應能力較男士強，女性最好的是可以向別人訴苦，不開心時可以哭。男士會不會覺得需要來一個男士解放運動？就是男士都可以哭。男士有不開心時都可以找人傾訴一下、可以度假、可以開心。

第二個錦囊是身體運動，發展嗜好。外國做了很多的研究，有關退休的時候，甚麼東西帶來最大幫助。答案就是有沒有自己喜好的事物、可以很有興趣去做的事情。例如有些人喜歡寫書法、有些人喜歡刺繡、有些人喜歡玩填字遊戲，這些都是可以的。我的媽媽現時九十多歲，她喜歡玩「數獨遊戲」，可以預防「老人痴呆症」。她還會去教會，每天耍太極，有時會去老人院做義工，她更會去做 gym。老人家通常肌肉沒有力，尤其是女性骨

質疏鬆，然後跌倒地上時最大的問題是骨折；所以我們要訓練肌肉有力，就算跌倒，都會是「碌」倒，可以卸去一些力度，而不致於骨折。興趣發展很重要，平衡的生活也很重要，積極的社交生活同樣很重要；即是要有朋友，一同去做一些大家一起做的事，繼續發展自己的喜好。

微笑是最美麗的化妝品

3G 是 look good、feel good、do good。我總是在想大家要去令自己 good，你們服務的人又 good，大家一起 good，就要做些甚麼呢？怎樣才可以幫助到長者或者那些服務群體，令到所有人都美呢？怎樣的方法是最美麗的？甚麼人是最美麗的？開心的人就是最美麗的。微笑就是一個最美麗的化妝品，又不花錢，而是你在自己的臉上加上笑容，自己又開心，別人看見你又會開心。譬如我有少許不高興時，就會自動皺起眉頭、苦着臉，其實我們可以嘗試把眉頭打開，這叫「寬容」些，只是把眉頭鬆開，然後把嘴巴稍為往上推，這樣就可以的了。為甚麼可以呢？因為我們臉上有三百多條細小的肋肉紋，全部連接往我們腦中的情緒中樞；所以就算改變自己一個表情，訊息已經傳遞往腦中，我們會感覺到那份開心。

大家不信的話可以試試，現在大家試試皺起眉頭，苦瓜般咀臉，把口唇往下推，並閉上眼，維持這個悽慘的表情一分鐘，感受一下你的臉部表情給予你的腦一個甚麼訊息。好了，我們一起做三次呼氣，把剛才我們的鬱結吹走。現時我們又試試做一雙精靈的眼睛來看看，然後展示一個笑容，然後做一個很「蠱惑」和很「得戚」的眼神，你用「得戚」的眼神望望房間中每個人都露出「得戚」的眼神和笑容時，你的腦聯想到甚麼呢？

　　大家有沒有聽過「大笑俱樂部」？是一種大笑的瑜伽，因為笑可以令身體釋放胺多酚。胺多酚是一種內分泌荷爾蒙，它有兩個作用：一個是令到我們開心，第二個是止痛。例如我們跑步，也可以釋放胺多酚，當然要跑步三十分鐘才可以釋放足夠的胺多酚。又例如你憤怒或不開心的時候，去做運動，流得一身汗水，那樣會令自己變得開心些；因為在運動的過程中釋放了胺多酚令自己回復開心，同時因為運動時會不斷呼氣吸氣，會吸進大量氧氣。開心大笑是一個很快，不用跑步三十分鐘而同樣可以釋放胺多酚的方法。因此，我們做輔工，幫一些有困難的人，會令我們感到壓迫和辛苦；又或者是我們自己在退休時要去轉換角色，覺得有些鬱悶，我們這時可以笑或改變面部表情，令到自己的情緒改變。

　　我時常教人一個叫「哈功」的氣功，大家懂得「哈哈笑」的「哈」字怎樣寫嗎？「哈」字是這樣寫：眉放得很開，閉上眼，然後嘴巴張得很大。哈功是發聲的氣功，我們一起試一次好嗎？嘴巴要張得很大，眼要很慈祥地瞇起來，然後呼一大口氣，然後很大聲地說

「哈」，說時要保持很長的「哈」聲，連外面的人也可以聽到我們很開心地「哈」。預備，一、二、三，吸氣，「哈⋯⋯」。這個「哈功」有兩個好處，剛才提及退休有得有失，我們的情緒難免會有高低起伏，人人都會這樣；在想起「失」時都會變得低落，想起「得」時都會開心滿足。如果情緒有些低落時，我們馬上讓自己坐直些或站直身子，然後做「哈功」，這方法叫「一秒鐘技巧」，可以在一秒鐘改變自己的情緒，改變自己的面容。這是一種可以很快幫到自己的方法，而這些技巧在服務別人時也可以幫到別人，因為這樣可以令自己美麗些和開心些，同時可以感染到身邊的人，符合 3G 精神。

記下感恩的事情

有一位正向心理學專家做了一項研究，他在研究正向心理學之前，是研究無助感、失落等專題的，他五歲的女兒問他為甚麼要研究這些東西，做人開心些不就可以嗎？他想想女兒的話，覺得與其研究這些負面的東西，倒不如想一些正向的事物。

正向心理學的研究建議人每天睡覺前，寫下三件當天自己很感恩的事情，然後在事件旁寫上感恩的原因。每天做一個這樣的日記，那些人整體精神面貌都好了很多，因為我們有時會情緒波動，有時會想一些負面的事，情緒一直往下跌，就會難以自拔；我們只是每天留意哪些值得感恩的事，寫下三件事就會令人的情緒和滿足提高很多。我建議大家今天

去買一本日記簿，每天由早上開始到晚上，見到一些值得感恩的事都記下來，或可留待晚上才寫也可以；或者如果有一本精美的小簿子放在袋裏，遇到開心的事就記下來，這也是一個方法。大家不妨買一本小簿子，為「3G 完滿人生輔工課程」中第一課的角色轉換，即由在職人士轉為退休人士的身份提升，送給自己的第一份禮物。

我們分享了角色轉變，由工作至退休，時間、得失、情緒原來是我們自己可以掌握的，現在請大家給「3G 完滿人生輔工課程」這運動創作一個口號，來綜合和推動 3G 人生。

完美人生

死者善終　留者善別　能者善生

我有三句口號說完美人生，第一句是「死者善終」，離世的人有一個好好的完美結局。第二句是「留者善別」，留下來的人可以妥善處理這別離的經驗，因為親人死亡其實是很辛苦的。我們沒有親人離開，而自己又沒有甚麼事，有能力的人就可以美善生命，所以最後一句是「能者善生」。我們怎樣可以不理生命的長短，讓它發光發熱呢？生命若要發光發熱，就好比是一根蠟燭，你會把它放在甚麼地方，可以照到最多人？放在高處還是低地？當然是放得愈高就照得愈多人。所以我們就要去匯聚大家的力量，令我們的光更大，這幾句口號就是這個意思。在我們退休、未退休、普通的生命中都成為能者，人人都擁有具內涵、很充份的生命。

「沒有了外界的東西，社會地位等全部沒有了，但我仍然去找自己存在的價值，
存在的意義……擁有自由奔放的心境，追隨真的我。
不需要由別人告訴你要去做甚麼事，不再需要由外界去釐定你是怎樣的，
而是有機會活出你的真我。」

——袁家慧博士

李樂詩攝影

我們慢慢步入老年的階段，

面對這樣的轉變時，

我們嘗試用全人理念去看。

一般說全人理念是「身、心、社、靈」。

退休人士的社會身份轉變

袁家慧博士

註冊心理學家

香港中文大學臨床腫瘤學系榮譽副教授

身、心、社、靈

「身」即是身體。年紀漸長，身體有所轉變。很多研究指出身體健康是很重要的，因為身體健康的狀況直接影響我們的心情及生活質素，即是活得好不好。

「心」即是心理，就是說我們的情緒，也牽涉想法，對事物的態度，包括我們的行為，怎樣面對轉變，所以心理是一個很重要的環節。退休是一種轉變，也是一種失去，因為失去一向以來的工作崗位。

「社」是我們的社交關係、與家人和社會上其他人的關係。很多研究指出在年老的階段，人際關係網絡和支援網絡很影響以後的日子過得好不好。甚麼是支援網絡？是你覺得在危難關口時可以給予你支持的人，這是完全主觀地認為身邊有真正可以跟你一起分享共同信念、目標，有甚麼事情都可以幫助你的人。

「靈」即是靈性。一般以為靈性是宗教，但是靈性比宗教闊。很多人未必有宗教信仰，但是我們都是有靈性需要的。試想想：做人為的是甚麼呢？有沒有意思呢？一生有沒有一些遺憾呢？人死後會怎樣呢？死後家人還會記起我嗎？誰會想起我呢？怎樣記起我呢？記起我的甚麼呢？當你想這些問題的時候，其實你是在想一些靈性方面的問題。用全人理念去看邁向年老的時候，靈性上的需要其實是很重要的；因為年紀愈來愈大，可以掌握的事物、將來可以見到的事物都是不穩定的，面對這麼多不能肯定的事情，沒有宗教信仰，靈性上的生活就變得愈來愈重要了。

失缺與情緒

適應邁向年老，其中一件事就是我們失去很多，失去一些東西時，我們首先會覺得很不開心，有一種傷痛、傷感、失落的感覺，所謂「此情不再」、「已經逝去不復回」。這種感覺是很自然、很正常的，我們不開心，甚至哭，這完全是正常的；因為我們要處理自己的情緒，這就是心理健康。

如果我們採取逃避和壓抑自己的情緒，不去處理，在你最不為意的時候，就會爆發出來。面對失缺時，有情緒反應，我們要承認傷心，不要發愁；要面對傷心，因為轉變已經發生了。讓自己慢慢地去接受事實，接受失落的情緒，要以自己的步伐、符合自己的方式，慢慢轉化和適應，每個人都會獨自經歷這些心路歷程。適應之後，我們會有一個成長。在心理學的理論上，我們在每一個階段其實都有機會成長，即使來到老年，也會有成長的機會。這個成長在心理學上是指怎樣融合過去的一生，作一個總結，然後準備怎樣面對生命的終結。現時我們已退休，有一個契機給我們再一次機會讓自己成長。經歷了整個過程之後，我們會變得更加成熟、心理方面會更加完滿。

由於我們要經歷失缺、轉變，所以要預期自己會面對壓力。壓力的最大來源是甚麼？第一是面對一些不肯定的事物，即是不知會變成怎樣時，我們會有壓力。當發生了一些事，想了解更多但又無法做到、沒有人可以向你解說、沒有實質的資訊，我們覺得好像無法操控事情，失去了控制事情的感覺，這些會令我們感到壓力。有時生活中發生一些突變的事，例如地震、海嘯等創傷性事件，假若我們不夠成熟的話，或是那創傷性事件實在太震撼或來得太突然，之後我們會有「創傷性壓力後遺症」，這可以是很嚴重的。

面對不同程度的壓力，我們可以作出怎樣的準備呢？首先我們要知道，在生命中有很多事是我們無法預知的。我們要看透人生就是這樣的，即使我們在很多方面都仍可掌握得到，在人生中一定有一些事是我們無法預備的。我們要明白發生一些突發的事不是得到懲罰，要知道人生就是這樣無常，就會有這些事發生。如果我們可以去學習、預備，有了心理準備，即使面對突發的事，我們的應對就會較好。如果我之前反思人生，就會容易去認識、接受，以及有心理準備。

重新釐定身份

對於退休人士，第一樣要面對的就是要離開工作崗位，那是我們身份認同的一個大範疇，不再工作。別人問你是誰，你會問自己「我是誰」，你會感到模糊和需要一段時間去摸索。因為以前你想也不用想，別人會接受你、認同你、稱讚你，你又持續會得到加薪，會賺到很多錢，有很多實質的東西是你可目睹的。但是一旦這些都沒有了的時候，難免會有一種失落的感覺，會感到迷失。自己要去加以調校和回想：一生人是否只單憑工作來釐定自己的一生呢？以後是否要以此為依歸呢？當然不是啦。其實這也是一個成長的機會，要知道自己沒有了所有的東西，但我仍是一個有價值的人，我仍然是我，仍然可以走我的一生。沒有了外界的東西，社會地位等全沒有了，但我仍然去找自己的存在價值和意義，這是一個不簡單的課題。是一個關口推動我再去想想：我是一個怎樣的人？我要過怎樣的人生？

心理學理論說人生分為八個階段，到了老年時，要過的心理關口，包括重新釐定自我價值，很多事情改變了，與人的關係不同了，工作、定位沒有了。要怎樣釐定自我的價值

呢？就是要找一些新的興趣、一些新的而你又喜歡做的事。安排時間在這些活動上，重拾自尊感，由你去看自己的人生。要經歷重建自己生命的意義，即是找回做人的目標，要用一個新的模式去看。來到晚年的時候，我們要 being，即學習怎樣可活得自在。當沒有了社會地位、工作給予的收入、別人的認同，我是否可以很自在地接受自己就是這樣？這個從容自在，某程度上我們要由外界的事物來釐定自己的價值，回到一些內在的事物上，要做所謂「心理的功夫」，這是我們要去學習的。

活得有意義

其實有很多層面可以去找到自己的生命活得有意義的。如果我們創造了一些東西，做了些事，得到實質的成就，覺得自己可以完成一樣東西或一件事，這是一個途徑。另外，體驗一些事，如環遊世界、幫一些人；心態上的進展，擁有一個自由奔放的心境，追隨你的真我，不需要由別人告訴你要去做甚麼事，不再需要由外界去釐定你是怎樣的，而是你有機會活出你的「真我」。

一個任務就是要超越「自我」，「自我」是別人怎樣看、社會有沒有認同；如果我們只講求「自我」，就未能做到活得自在。因為這「自我」仍是跟外界事物掛勾，未能進入內心的真正的我。因此，我們去找以後自己的身份角色，由以往個人的成功，變成尋求在我們能力內怎樣去成就他人，這是重要的。慢慢發掘一些以前不為意自己擁有的能力，然後付出又真的做到，你所留下來的將會是「精神遺產」，是你那種做人的精神、態度。

你要讓自己去試，要知道讓你發揮「真我」的是甚麼模式、甚麼活動，慢慢去找一些令你投入和可以發揮的平台。你要願意去慢慢摸索自己的興趣，然後摸索可以服務的對象，這是需要時間的，但不要緊，你們有的是時間。

另一個功夫是要學識超越自己身體自然的變化，接受現時的身體狀況，不需要放太多時間去刻意常保青春，給自己時間，看看不再美麗時，自己是個怎樣的人。摸索一種你可以樂在其中的運動，持之以恆。不需要強迫自己每天要做很多運動，研究指出每星期做三次運動，每次半小時，做 "strength training"（保持體力的運動）。

正向心理

在心理上，我們要用正面的態度去看日子。有三方面可以做：怎樣看過去，怎樣體驗現在目前，怎樣去看以後。回顧過去，我們要去蕪存菁，否則就會背負太多過去的遺憾、內疚。在適合的時候，做一些反思，過去令自己耿耿於懷的事，重新回想，加以重整。很多時我們會有一些情緒反應，背負了幾十年，現時可否試試重新用不同的角度去看，可能發覺以前自己對某人很生氣，認為那人令自己長期受痛苦，若試試從那人的角度去看，會不會有不同的體會呢？這是一個方法幫助自己釋放一些背負了很久的嬲怒、怨憤、遺憾。

審視自己的一生，要正視自己也有不少滿意和值得驕傲的事，也有感到開心的事，那麼你就保存着這些。怎樣回看過去的事時可以令自己有一種滿足感、一種祥和的感覺呢？我們要帶着感恩的心，去回味、欣賞過去也有一些好的事發生，對於一直耿耿於懷的事，

嘗試用寬恕的心，把一些感到最不開心的事釋放出來。不過，現在這一刻才是最重要的，因為如果我們不好好地過這一刻，它就會不斷地流走，我們就會失去這一刻。我們來做一個練習吧。請每人拿一顆葡萄乾，望一望，聞一聞，感受一下它，想想這顆葡萄乾的過去，欣賞過後，可以吃它，吃時要全情投入，全心體驗吃這顆葡萄乾的經歷、過程、感覺，讓自己認真地去體驗。其實有很多豐富的經驗等着我們去體驗。你現時也有較多的時間可以跟別人分享儲存這些記憶、身體的官感，有很多好的事物可以留在我們的腦海中，即使到了我們不能走動的時候，腦海中仍有很多事可以滋潤着自己。

正向心理就是對將來要抱有樂觀、正向的信念，以後的日子可以跟從前是完全不同的，可以是很豐足的，如果我們不時提醒自己持着正面、樂觀的心情去過日子，其實已是一個很好的抵抗抑鬱元素。老年人患上抑鬱的機會較大，保持身體健康、有好的支援網絡、心態要持續望向好的方面，都可以幫助預防抑鬱的出現。

正向的心態 = LOVE + GRATITUDE

LOVE + GRATITUDE

　　有正向信念、積極的心態，會令我們不只可活得更長，也會令身心健康。研究指出最正向的心態就是 love and gratitude，即是抱着感恩的心及善心。善心包括善待自己，也包括關愛他人，然後我們數算我們的恩典。即使遇到難關或生病，聚焦於一些我們仍然擁有的東西，帶着這種信念去提醒自己，就可以放開一切，輕鬆自在。

「讓新一代的長者，
能預早知道自己身體的退化，
提升自我照顧以減低疾病及危險。」

——梁萬福醫生

李樂詩攝影

認識身體的自然退化

梁萬福醫生

「基督教聯合醫院」前內科及老人科顧問醫生
「香港老年學會」會長

退休人士都要知道一些正常生理的改變，及怎樣去適應老化的改變。有些可能是很細微的事物，如果不察覺的話，可能會帶來一些生活上的問題，可能以為是一些病態，但其實有時是純粹的正常身體退化，只要作出一些生活上的適應，就可趨吉避凶。

未來十至二十年是香港人口老化進入最急速階段，面對這個急速的改變，我們需要做一些準備，讓新一代的長者，能預早知道自己身體的退化，提升自我照顧以減低疾病及危險。

健康是退休人士享受生活的一個重要條件，身體健康，有病痛的機會亦會減低。一個退休人士要認識及關注的老化改變包括以下幾方面：

皮膚

　　一個人在四、五十歲開始，皮膚便會出現不同程度的老化改變，可能會出瘰、皮膚的色素變黑。隨着年紀增加，皮膚組織會產生退化，皮膚表皮層的細胞會減少，原本可能有八層，會變成了四層。這些改變就是為甚麼老年人皮膚受感染的機會較多；皮膚受損傷的機會亦較大。這些都跟表皮層有關。我們的皮膚中有很多重要的器官，其中一個就是汗腺，汗腺會因年紀增加而減少，出汗的能力會減少：因為出汗少，年青時有狐臭，到了年老時就可能沒有了。因為出汗少，夏天做運動或行山時就會較多麻煩，體內的熱積聚在內不能散出體外，較容易導致中暑，所以年老後要注意夏天時，要減低運動時候的體溫。

　　另外，年老時，身體的毛囊減少，會脫髮，體毛也會較稀疏。出汗可以有助降溫，而體毛則可保暖。體內溫度下降，可以影響很多身體功能，所以身體毛髮的改變，令老年人於寒冷時節保溫能力降低。所以老年人在冬天要注意天氣的改變，適當地添加保溫衣服，睡覺時則要戴着帽子，以減少散熱。

　　在皮膚組織中，有軟組織和有纖維組織，所以皮膚有堅韌性和彈性；但是年紀大的時候，這些軟組織就會變成失去韌度，容易裂開。這就是老年人可能沒有甚麼大碰撞，卻會弄損皮膚，一碰及就會皮膚裂開的原因，也令老年人容易有壓瘡。

我們的皮膚有很多血管，這些微細血管會收窄及擴張，以應付冷熱的改變；在寒冷情況下，微細血管會收窄協助身體保持溫暖，在身體熱度上升時候則會擴張，以助降溫。因此，不論夏天還是冬天，我們的皮膚都擔當一個重要的角色。還有皮下脂肪層，是一個保暖層，也有墊子般的作用，令皮膚不容易被骨壓傷。

視覺

年老時，眼睛會有必然的老化改變。淚管有機會收窄或者阻塞了，令淚水較多流出來；眼角膜周邊會有脂肪物質聚積，淚腺的淚水分泌可能減少令到眼睛變乾，成為「眼乾症」。年紀大了，眼前室會收窄，如果虹膜收縮過度，眼前室液體的壓力突然提升，會令老年人較易患上急性青光眼。另外眼睛內晶體的彈性會較差，對焦不好，看得不清楚，「老花」的情況便會出現。

還有瞳孔會收細，即是晚上瞳孔不能擴張或擴張有限，形成在晚間看東西不太清楚；因此照顧老年人，家中一定要有夜燈。至於白內障，手術已愈來愈先進，可以移除晶體後，再補入一個新的晶體，可以維持三、四十年。

聽覺

聽覺有問題是很普遍的，有 30％ 至 40% 六十歲以上的人都有不同類型的聽覺問題。年老時，耳朵老化的改變，就是聽力問題。患有「撞聾」的人對高頻聲線較為敏感，大家跟老年人溝通時，要讓他看到你是在跟他說話，見到口型，但聲線不要太高。另一個耳朵老化的影響，就是不容易分辨左右，聲音來自何處？這樣發生意外的機會相對會較高。

老年人有聽力的問題，便要替他驗耳，看看是否需要使用助聽器材。新一代的助聽器材已經數碼化，幫助溝通得較好。

還有，外耳聚積脫落的皮膚較多，就會成為耳垢，令老年人突然聽不到聲音。另一個耳部功能的改變是平衡系統，使老年人跌倒的機會較大。平衡不好，可以引致嚴重的後遺症。

腦

年老時，我們的腦也會有一些退化性改變，腦膜會變硬，降低對腦部的保護能力，腦膜內的血管於頭部受撞擊時，血管會隨之同時被撕裂，造成流血，是可以致命的。有時發生很輕微的撞擊，例如跌倒、撞到頭部，又沒有頭破血流、又沒有瘀傷，但是撞擊後血管撕裂了，慢慢滲血，之後覺得老年人的精神情況可能改變了，才發覺原來是腦內出血，這會影響認知力、記憶力，甚或中風。

年老時，腦部會收縮，腦組織的重量會減輕，記憶能力會沒有那麼好，做事時不再像年青時那樣「快上手」，這都是正常的現象。

另一樣是我們的知覺，包括痛楚的知覺、壓力的知覺、震動的知覺等，到了年老時就不如以往靈敏。例如會較容易被燙傷，可能會被燒傷而不自知，這些都是要注意的。

一個八十歲的老年人較一個五十歲的人容易跌倒，不只是動作反應慢了，而是認知反應慢了，才會出現這情況。

活動系統

活動是很重要的，一個人行動不便就很麻煩了。活動系統由肌肉、骨和關節三項合起來，形成一個健全的活動系統。任何一項出現問題，都可以令到活動有困難。

肌肉系統方面，我們一出生就決定了有多少肌肉，不會再有新的。我們加以操練，肌肉就會大一些，可是肌肉會壞死、萎縮的。年老時，因為肌肉細胞的消失，影響到肌肉本身的能力。所以愈老就愈要做運動，要提升細胞的能力，維持身體的能力。

平衡也是很重要，肌肉不好就會有平衡的問題；因此只是步行的作用不大，年長人士要訓練提腿能力，提腿不好就容易跌倒，所以要注重訓練大腿的肌肉。

骨骼

骨質疏鬆是大家都知道的，若是五十多歲開始更年期，只要保持身體健康、多做運動、飲食均衡、吸收多些鈣質，即使到了八十多歲，也不一定需要服骨質疏鬆的藥物。除非有高危因素，包括很早更年期、身材比較矮小，就需要看醫生，決定是否需要服食骨質疏鬆藥。

我們多做運動，不吃不健康的東西，多吃含鈣的食物，就已經可以提升骨質。

關節方面，老化的關節會變得僵硬，活動不如以往順暢。關節及體能退化的改變，對活動範圍會有一定的影響，速度會變慢。

牙齒

消化系統基本上退化改變不大，反而是牙齒的問題。我們會有爛牙，另一個重要改變是牙肉萎縮，使牙齒外露出來，因而會掉落，所以要保持口腔衛生。如果牙肉健康，沒有牙週病，就可以保持牙齒到八十歲也不會有問題。我們的消化系統中，能保留好的牙齒，對吃東西和消化都很重要，因此要注意口腔和牙齒的健康。

呼吸

呼吸會有問題嗎？其實我們到了一百歲，呼吸都是正常的。只是我們的肺活量會收細，但不會影響呼吸，很多人的運動能力，基本上是沒有影響的。可能到了八十歲，還可以走兩、三層樓梯，正常來說，如果呼吸系統沒有問題，仍可有充份的運動能力。

心血管

心血管會有甚麼問題呢？主動脈的彈性會下降，血壓會有所改變，收縮壓基本上不會有很大影響，舒張壓則較特別，正常來說是 120/80，反而老年人的讀數往往不會是 80，可能是 60 或 50；因為主動脈欠缺彈性，當它舒張時，即是心臟休息時，彈性未能回彈，下壓的讀數會比正常低，這不會有很大的影響。

腎

腎功能方面，一般來說，年紀較大的人，腎臟的整體功能會約減一半，減低應對外來挑戰的能力。例如肚瀉，瀉了多次之後，可能會引致腎衰竭。當老年人發高燒時會脫水，令出現腎衰竭的情況相對地增加，這些都是我們要關注的。否則，可能有一些嚴重的後遺症出現。

為身體退化作預防

　　面對身體退化，有甚麼可以做呢？首先保持均衡營養。另外，就是預防流行性感冒和肺炎鏈球菌，這兩樣都是可以致命的。此外，破傷風導致死亡的機會，在長者身上較多發生，所以外國規定長者要定期注射破傷風針。其他，就是對壓力的預防，多做些義工就可以了。

　　跌倒的預防也是很重要的，跌倒引致骨折的機會較大。骨質疏鬆的人跌倒後，骨折的機會更大，甚至需要用助行器或坐輪椅。

檢查身體

　　很多人關心年老後是否要驗身，是否花費數萬元去醫院做大量的檢驗，就可以預防患上癌症的呢？當然不是的。驗身最重要的是驗一些普及的病，例如女士檢驗有沒有骨質疏鬆，最重要是檢驗是否有糖尿病和高血壓。早些知道，早些去醫治，控制得好，血管的問題就不存在。

　　針對三高（血糖、血脂、膽固醇），高的話就要加以控制。另外就是體重，退休後或更年期後的婦女，由於激素的改變，體重無可避免地會上升，所以要維持標準的體重。

五十歲以上檢驗大便有沒有帶血，尤其是有家族病史，大腸癌很多時不會有徵狀，每十年做一次大腸鏡檢查，有預防作用。大腸的癌症，如果早發現，做了手術後是可以完全根治的。女性來說，骨質疏鬆、血管問題、肥胖、跌倒和年紀大患腦退化症的發生機會比較高，即使八十歲或以上，我們都要加以關注。另外，女士很多時候是照顧者，要照顧老伴，對女士來說會有壓力，我們也需要注意這些方面。

有哪些檢驗需要做呢？

照肺是可以的，可以看看心臟有沒有發大。

檢驗腎功能，可早些察覺腎功能的變化。

驗血色素，可知有沒有貧血。

還可驗血沉率、白血球、甲狀腺分泌的問題。

「綜合來說，記得三件事：第一是保持血管健康，
第二是情緒健康，第三是智能健康……
閒暇是可以保腦的，實踐益智閒暇《六藝》」
　　　　　　　　　　　　　　── 戴樂群醫生

李樂詩攝影

認識身體的自然退化

戴樂群醫生

「威爾斯親王醫院」前老人科顧問醫生
「香港老年癡呆症協會」執行委員會義務秘書

何時會老，醫學上完全沒有界定，人的壽命不可以用年齡來界定。

跟大家說說一些老年人的綜合徵狀。特別探討何謂功能衰退（Frailty），何謂之體弱能科病。我們聽過骨質疏鬆（Osteoporosis），我想介紹肌肉疏鬆（Sarcopenia），準備我們老年時look good、骨頭好、肌肉好，除了要做一些氧化和心肺的運動之外，build up我們的muscles也是抗衰老很重要的一環。

人口老化——抗衰老與長壽

　　先進社會人口老化，人的壽命長了，為甚麼先進社會的人口壽命會長？澳洲有一個研究，發現隨着年紀大，有一些疾病是少了的；例如一些慢性氣管疾病、中風、癡肥、心臟病，意思是這些病不是沒有了，只不過是在先進社會這些病在某些程度已經是可以防止的。現時少了很多糖尿病人需要截肢，因為在中年時出現這些血管疾病，控制得好，慢性氣管疾病又少了，因為整個社區都叫人不要吸煙，只要不吸煙就會減少慢性氣管疾病。中風不是突然發作的，它有危機因素，「三高」再加上情緒。情緒都會引致心血管爆裂，中風在很大程度上是可以避免的。肥胖也可以避免，從小就要開始控制體重，中年時才開始肥胖，減去脂肪難很多。肥胖引致很多疾病，大家要知道肚腩部份的肥胖，會製造很多發炎的物質；即是說大肚腩不單是體形問題，而是那塊肥膏產生很多發炎性的身體分泌物質，這些發炎物質會破壞血管，會破壞大腦的功能，產生很多發炎性的化學物質令到我們老化。積極做運動，在食物上加以控制，少吃甜和肥膩食物，就可以有助消除這肥膏。

　　抗衰老，不是要服甚麼藥物，不用刻意食用健康食品，最重要的是運動。我們中國人的祖先是耕田的，較少吃肉類，以及很勞力的。這些 gene 都在我們的身體裏，這不是天方夜譚，即是說我們中國人不用吃太多食物都可以，不用吃太多肉類也可以，應該多些勞力。但是先進社會令到我們多吃了又少做運動。

　　要減少心臟病發，在中年時要對「三高」加以留意，以前的心臟病一發作就多數會死

亡，但現時，可以服藥、「通波仔」等，都可以令到心臟血管回復暢通，死亡的機會也減低了。大家都會關心關節炎，所以就不做運動，可是愈是不做運動，關節愈會老化。現時我們着重了保護關節，所以少了些很嚴重的關節病。

一個人如果活到八十歲、九十歲，會多了哪些病呢？會多了一些大腦退化性疾病，例如柏金遜病、痴呆症，以及一些眼的退化，如黃斑點退化，以及其他大腦退化性疾病。人們多了一些神經系統的疾病，這是香港也會有的現象。

我們都想長壽，壽命長了，究竟多了一些殘缺還是多了一些健康的生活呢？我在一間公營醫院工作，我的病人大部份都是八十多歲，他們年青時挨苦，他們沒有怎享受過。很多病人在公營醫院延長了壽命，但其實是受苦的，很多都住在老人院，很多都插着胃喉，如果不是插着胃喉的話，可能很多在兩年前已經去世。但是未來一群老年人，應該延長了壽命而且是開心的，只是到了最後一刻才「關上掣」。我估計會多了人年紀大了後，不會拖一年半載，而是突然去世，即是我覺得可以活到八十多九十歲，然後突然一刻去世就是最好的，我們的目標就是這樣，這個概念在醫學上稱為 compression of morbidity，一個人有病在醫學上稱為 morbid，一個人體弱多病就是 morbidity，即是把體弱多病的時間，在生老病死中，把病和死 compressed（壓縮）了。我可以活動自如，又沒有痴呆症，關節又沒有痛，可以外出旅行，可以做自己喜歡做的事，到了最後那一年半載才中風或有心臟病或行動不便。

現時我們人口的壽命可以延長些，也希望我們的身體功能可以保持長久些，然後才下降，這是最理想和大家追求的現象。

FRAILTY 功能衰退

接下來跟大家說一個concept（概念）就是frailty，功能衰退。大家看看香港林村許願樹，這棵樹老了，底部腐蝕了，它仍可矗立着。但如果再往樹上拋多些寶牒，它會支撐不住倒下來，所以現時它被圍起來，又除去它底部的混凝土。人的 frailty 就是這樣，今天仍可站立着，但當我很弱的時候，我一不小心滑倒地上，下星期就不在人世。但如果我的體能和儲備做得好，我的骨頭和肌肉都結實的時候，我跌倒在地上也不容易傷及骨，意思是我們要增加儲備，就算年紀大了有 stress，如保持 reserve 大的時候，就算 stress 來到，都可挨得住。我們不會沒有 stress 的，愈先進的社會 stress 會愈大，車輛多了，斜路多了，環境、空氣又差了，所以重點是怎樣可以增加儲備。

如果我們的心臟、大腦、肺只剩下三成的 reserve，就會很危險，例如我的心肺只剩下三成 reserve，今天仍沒甚麼問題，但明天突然感冒，發燒心跳快了，於是心臟病發，所以應盡量提升我們的 reserve。年青時開始儲備當然好，中年時儲備就會較難，因為消耗大了，於是要加倍努力去做。

在老人科，我們有四樣東西叫做「老人的巨人」。老人一有病就會精神混亂，因為他們的腦 reserve 只剩下三成，有些入院發燒，或要縛着入院，就是因為有 confusion。另外，老年人很容易跌倒的，不能走動和失禁。這四個是老人科中最常見的徵狀，我們稱之為 giants。

前腦的退化

有一個老化的概念就是前腦的老化，大腦進步得最快的是大腦前後左右哪一部份呢？就是前腦。我現時講課時正是運用我的前腦，人前腦的發達要靠養份，靠甚麼東西把養份帶到前腦呢？是血管，前腦有很多血管，但是年老後，血管老化，所以防止老化就是防止血管老化，如果中年時不處理好「三高」，老年時全身的血管變窄，最易出現問題的就是血管最多的地方，所以要小心我們的前腦。當人老化，血管就像大廈水管老化一般，變得窄了，又生鏽，於是就很容易爆，不夠力把水往上泵，人腦的血管也是這樣，變窄了，心臟泵血往腦部也不能，變成前腦不夠東西吃。

前腦有幾個重要的功能，一是思維功能，用來計劃的，令到我們懂得分配時間，懂得選擇情緒，即使有時我們會不開心，但是我們不要想它，想一些開心的事，都是靠前腦。前腦血管收窄，我們一不開心前腦就不懂得選擇，於是很易出現情緒病，所以老年人有較多情緒問題。前腦懂得找出哪些重要的事情出來加以記憶，所以情緒不好的時候，那些不

好的事情就會亂作一團。另外，前腦令到我們可以自然地行走。如果前腦出現問題，我們會記不起怎樣走路，前腦同時控制我們小便，如果前腦出現問題，我們只有少少尿就要去排出來，如趕不及往洗手間就會出現失禁。我們一定要保持我們前腦的健康。

前腦出現問題，在醫學上有出現 Subcortical Ischaemic Microangiopathy（SCIM），在大腦皮層下一些微絲血管的決裂。怎樣保持我們的前腦健康？就是要減低危機，我們的年紀雖然不可以減，但是可以減少危機。

我剛才怎樣來到這兒，我不用刻意去記住，因為我腦裏的海馬體已經幫我記住了；但是如果我的海馬體有問題時，大家問我剛才怎樣到來的，我已經記不起了。在「老年癡呆症」中，海馬體出現問題就是短期記憶出現問題，海馬體有很多接收體，其中接收的就是腎上腺素、皮質素，太多的話就會令到海馬體失去功能，它受的刺激過多。要避免經常很緊張，腎上腺增高，血壓又高，要保持海馬體的健康，我們將來就較少機會有腦退化症，即使有痴呆症也可延遲病發。要海馬體健康，除了保持健康外，就是要有適當的閒暇。適當的閒暇是可以保腦的。

適當的閒暇

香港人很不好的就是認為閒暇是多餘的，通常大家在港鐵遇到朋友，除了說聲 hello 之外，接着會問對方是否很忙，而自己又不會答不忙，似乎不忙就很不濟。其實在中年以後，懂得怎樣不去忙才是好，即是每天都要有閒暇時間，如果不刻意地找時間閒暇，就不會有閒暇。

做哪些益智閒暇最好呢？中國人說「六藝」：禮、樂、射、御、書、數。「禮」即是人際關係，也是說一些自修和外省；「樂」就是音樂；「射」是射箭，即是做一些專注的事；「御」指的是運動；「書」可以是新的事物，例如閱讀，要用腦在沒有 stress（壓力）之下學一些新事物；「數」是要計算。

「六藝」，即是多元化的學習，我們近年提倡多元智能。西方的多元智能，其實我們中國在二千多年前已有多元智能，這些益智閒暇，是一籃子的活動讓我們實踐「六藝」。不會有一個活動集齊所有多元智能元素，但我們一籃子的活動，有時做這項，有時做那項，加起來就可以達到有多元化元素。「禮、樂、射、御、書、數」，就是益智閒暇。

其實人保持老年健康就是腦、骨、氣。骨方面，都離不開骨質疏鬆，我們骨頭裏有很多支架，年紀大時，骨質疏鬆就會少了這些支架，容易有脆性骨折。我們全身都是骨頭，但有幾個地方較易脆性骨折，第一是背脊，通常年紀大了，感到背痛，有時滑一滑腳，感到腰痛，那是骨質疏鬆痛。頸骨也會退化，但是頸骨很少由骨質疏鬆引致骨折，因為我們

頭部的重量有限。接着是手腕，人年紀漸大就容易跌倒，跌倒時的自然反應，就會用手撐着地，這樣手腕容易骨折。最嚴重是七十五至八十五歲，跌倒時手的反應較慢，手不會撐着地，這樣就傷到股骨，跌倒地上時股骨就會折斷。

　　我們怎樣防止跌斷股骨？有兩件事很重要，第一防止跌倒，第二防止骨質疏鬆。一個人年紀大了，肌肉沒那麼強，於是很容易跌倒。第二是藥物，年紀大了，很多時要服藥，服藥後很容易令到人的神智不太清醒，例如血壓有問題，服藥後血壓降得太低，一站立時感到暈眩並跌倒，另外的就是精神科藥物，年紀大了通常會睡得不好，服用安眠藥，迷糊起來，要往洗手間，站起來就會暈眩，容易跌倒。加上服用精神科藥物如安眠藥，手的反應又會慢些，跌倒時遲了用手撐着，就會容易傷到股骨。第三是肌肉，所以一定要鍛鍊肌肉。

骨質疏鬆與肌肉疏鬆

　　我們怎樣預防骨質疏鬆呢？第一要有足夠的鈣質和維他命 D，中國人一般來說都是維他命 D 不足夠的，其實我們每天早上的時候曬曬太陽，半小時就可吸收到足夠的維他命 D。第二就是要有恆常的運動，運動要負重，可以做少許舉重。游泳也很好，可鍛鍊心肺、肌肉柔韌和關節的柔軟性，但沒有負重性，要骨頭好就要做負重運動，例如上樓梯、緩步跑和少許舉重，或可做 gym。不要吸煙、不要飲酒，這都可以預防骨質疏鬆的。

最後跟大家說說肌肉疏鬆，名稱是近期才出現的，Sarcopenia，即是肌肉漸漸失去了。其實肌肉疏鬆跟我們年紀大了、吃得不足夠有關。肌肉靠蛋白質，食物不夠蛋白質的話，肌肉就會差。第二是年紀大了沒有運動，於是肌肉會疏鬆。第三是新陳代謝，年紀大了運動不夠，吃肉較少，又吃得較少。痛症又會令到我們不走動，糖尿病又會令到肌肉萎縮，控制不到肌肉，肌肉會疏鬆。肌肉本身有很多血管，中年「三高」如果處理得不好的話，會引致血管硬化，又會引致肌肉疏鬆。如此種種，引致肌肉疏鬆，很容易跌倒，跌倒就會變得衰弱 frailty。

總結

我想大家明白，老不是一個年紀，以前六十歲是老，今天我們說七十歲是老，估計二十年後，可能到八十歲才算是老。為甚麼會這樣？因為我們的 reserve 愈來愈好時，機能衰退就會推遲，所以我跟大家說了一些體弱多病的 compression 可以盡量縮短，不用有兩、三年時間要插着胃喉。我們衰老，其實是身體很多新陳代謝在發炎，而運動是減少發炎的有效方法。我們中國人的運動就更加重要，因為我們的祖先務農，但是現代社會令到我們不做運動，於是很容易出現新陳代謝的問題。綜合來說，只需記得三件事：第一是保持血管健康，第二是情緒健康，第三是智能健康；這三個是緊扣的。

李樂詩攝影

「年紀大了，身體退化是必然的。正如有人聽到身體有問題，卻不相信，會問為何往年沒有而現在才有呢？分享家庭醫生八件事：行得、走得、食得、瞓得、健康、快樂、不用為錢煩、最後是好死。」

——方玉輝醫生

認識身體的自然退化

方玉輝醫生 MH

香港社區健康學院院長
香港大學家庭醫學及基層醫療系榮譽臨床副教授
香港中文大學家庭醫學名譽臨床副教授
香港中文大學中醫學院客座副教授
香港理工大學專業進修學院高級講師

跟大家分享身體變化，好等大家加深認識，準備去了解未來年老的身體變化；亦可令自己減慢或預防嚴重變化出現。受時間衝擊，老化是必然發生的現象，是不可以逃避的。以今時的技術，在某方面是可以改變的，如年長人的白內障手術可以矯正。現在近視等也可矯視。

但是始終不能避免年老身體變化，身體變化有三方面：生理、心理、社群。醫學論點沒有絕對，但在某程度上是一種藝術。在教學生時，以着重人為服務中心，是服務行業，除了以專業去看病，亦要顧及人的感受。

　　我常跟學生說我們不是看數據去醫人。例如有關糖尿病出現併發症的機會，只是在社群上的總比率，如果發生在某人身上，便是 100%，不發生則是 0%。不是發現患上糖尿病就是完蛋了，一些數據令很多人不安！好像膽固醇的上限是 5.2，如果達到 5.4 就不得了，上至 5.8 便要吃藥。請不要忘記，我們還有很多其他處理的方法，而且長期吃藥又是否無風險呢？

　　現在醫生看病時，如要開抗生素、類固醇等藥物，就要解釋一番；但開血壓藥及降膽固醇藥就不用了，不要忘記這些藥你天天吃，對身體的影響及害處不容忽視，很多人不理解。另外，不少人認為西醫的藥會散，但中醫則沒有；只不過醫院沒有經常給數據予大眾，食中藥引致肝及腎一樣有問題，我在社區工作時也見過，只是沒有人提及。我的訊息很簡單，沒有需要，不要亂吃藥，不要聽人講。吃維他命也會出事，就算依足指示也會出事，原因很簡單。因為忘記了社會發達，甚麼東西也隨時可得，隨時可加入補充劑，這很令人吃驚。這些無需要註冊之補充劑／添加劑不是藥物，但他們標榜是天然產品。山邊的藥草也是天然產品，不過在藥房店舖裏買的很難是天然產品，只是材料肯定是天然。如一些蜜桃味飲品的成份完全沒有蜜桃，只是加入添加劑，是人造東西。藥丸，膠囊何來顏色呢，請自己思考。

　　近年講的慢性病，是近這十多二十年才常見普遍。相信血壓高一向也有，但高膽固醇，糖尿病，心臟病是近年才多。一方面是社會的進步，人們吃的東西不太健康。尤其年青一輩，經常「無飯夫妻」的家庭，每晚出街吃，多肉，多油，多鹽，多糖，多味精，多添加劑，

沒有蔬菜，少運動，連步行樓梯也要坐電梯。所以慢性病便愈來愈多，是生活習慣和社會結構問題。我們年幼時沒有很多錢，以及這麼多交通工具，一般都是步行。後來錢多了，便利用單車代步。但現在小朋友會乘校車，家人接送，只是門口兩步，成年人有港鐵、巴士，很方便。所以身體變化受到社會改變，與我們生活習慣有直接關係。要防範這些問題，便要知道改善環境及改變生活習慣。

我提到年紀大了退化是必然的。有人聽到他們被找出身體有問題，他們會不相信，為何往年沒有現在才有，如何是好，不能接受。簡單舉一個例，30多歲的人膝頭會痛，為何呢？又不是經常跑步做苦力工作？我們鼓勵每人一天行1萬步，一半也有5千，動了這麼多年，已很不錯。試問如果是一道門，也會散掉。但是生物世界奧妙的地方，是身體的自修自補能力非常之強，人體及動物身體的機能是極之奧妙。原來身體的筋及筋膜，是近乎零磨擦，筋膜有套散熱機能，不會發熱。另外，心臟跳動，在娘胎已會，一直跳到年老，十分奧妙。

每一個人身體退化是不同的。首先決定人的健康及老化速度是遺傳機因，跟同一個父母生的也不一樣，先天性的影響非常大。如有人說我經常運動，不吃咸，不吃甜等也會有心臟病。中國人講出生八字決定，其實也科學化，因出生時遺傳基因已存在；其二是我們的成長過程也是非常重要，但有時發覺得比較遲，我在30歲時才有初步認識人體甚麼重要，但可惜經已定型。

另外一個概念是先天和後天的因素。先天指出世時的遺傳基因等；而後天則因大部份人跟父母兄弟姊妹一齊生活 20 多年，大家每天吃同樣東西，生活習慣很接近，而且有些習慣是不能戒掉的；好像中國人到外國一定要去唐人街，家裏鑊氣不足。記得我 30 多年前到澳洲，很多中國廣東人用的材料找不到，買燒鴨也要多買幾隻回家慢慢吃，要預訂的。現在當然甚麼也有。這跟文化不同是習慣，不是很多人可跟當地人吃麵包作午餐、西式早餐，尤其年長者。很多習慣會影響身體變化。健康書籍上常講要食得健康，要生活上有何活動可減少某些風險或預防那些病。有兩個常見病值得一提和留意。血壓高，120/80 是世界標準，這些數字已經改變。最初，我畢業時理解，隨年紀增長，每一年可以在下壓調加，到某數字才需要吃藥，現在一刀切，可能與 IT 有關，不理年紀，所有人也是 120/80；140/90 marginal；超過 160/90 要吃藥。記着幾個概念，9 成血壓高的人是原發性沒有原因。我在中大教學，每年 2 千多個學生入學，當中有 10 多個 18/20 歲有血壓高，要吃藥看醫生。有少部份有原因，身體某些病引致，特別是腎病，糖尿、壓力大。有人被裁員後有血壓高，找到工又回復正常。血壓不是量度 1 次 2 次就斷定是否高，要看你的醫生是否急進，要你吃藥。還有一個 catch，有人走近診所便血壓高，醫學界是知道的，要視乎醫生如何處理。

糖尿病多了很多，原因簡單，因為人口壽命長了，大家要清晰相關概念。為何血糖高，因為吃了東西，無論澱粉質或糖，吸收入血液後形成血糖高，胰島素會被分泌出來將糖擠

回細胞內，好等留在血液中的血糖正常。這情況好像每年的大節日，寄賀卡多了。郵局有兩個方法，一是請多些人手處理額外的郵件，二是叫人提早寄，可以分散來做。正正身體血糖也一樣，為何要吃三餐，可以五餐、七餐，一次食落去的東西不會太多。醫生給糖尿病的藥一個作用是刺激胰臟分泌胰島素，另一個作用是將糖轉化，鼓勵細胞吸收糖。既然仍有胰島素，可以將它分散些，令血糖不致過高。很多人們說千萬不要吃這麼多糖，粉麵飯，中秋節也不要吃月餅。但是中國人，亞洲人不吃飯是不可能，有點無稽。

少吃多餐，分散吸取。糖尿是可怕，但人口長壽是避免不了。專家估計，約有 1/10 或甚至兩成人會有血糖高。只要年紀大，出現病徵也是自然現象，不用太擔心；因身體的胰臟用了這麼多年，變得慢慢退化老化，千萬不要太擔心。面對這種長期病患，男士是弱者，不肯去看醫生。他們不接受，受傳言所影響。

我認識一個中大教授，他每天吃 20 粒藥，我經常笑他，你吃藥也飽吧！但回想 20 年前沒有好藥可吃，現在可以有藥吃，要想想現在是多麼幸福。香港的醫療是世界上最好的，沒有錢的人也可以吃到最貴重的藥，享受最好的醫療服務。糖尿不是很驚人，有些醫生建議打針，非常簡單，現在用放在口袋裏的筆打針，調較適當度數便可，而且打胰島素針不一定要到身體胰島素沒有功能才打，故有人吃藥及打針，希望將血糖控制好。

　　不少人跟我說頭痛和腳痹，會否是中風。卒中是大陸直譯 Stroke 的用詞。正確的學名是腦血管意外，簡稱 CVA。請問大家這些意外是否可以預測，但意外是可以風險評估的。血壓高是其中一個風險，我碰過一位驗身的病人，上壓是 200 多，有些人會叫他立即去急症室。但我會先叫他吃藥，令血壓減低，因為他可能過去多年的血壓也是 200 多，現在為他慢慢降低血壓，總比立即降好，不用立即去醫院，事關他已帶了 200 度血壓在街上行走了多時，已習慣了。

　　另外一種風險是心情，打麻雀時中風，無緣無故。亞洲人與西方人不一樣，西方人多會爆血管，我們大多是閉塞。Mini-stroke 是輕微中風，又稱 TIA，24 小時內完全康復，但再次中風機會很大。記着世界上沒有絕對，我在澳洲讀醫時在停車場做兼職，有一胖子同事中風昏迷了，住在醫院大半年，但後來醒了。他跟我講他知道我經常去探望他，所以昏迷了的人是聽到東西的。他後來完全康復 100%。原來人體的康復能力極強，意志力推動，任何病也可以。有個 70 多歲的爺爺患了肺癌，來問我的意見，我為他分析好處壞處，於是他決定不用搞了，不做手術。結果他繼續如常生活了 3 年。一般肺癌是 3-6 月，但他的最後 3 年活得很開心，很精彩，很滿足，有些東西是沒有絕對。

　　返老還童是頗重要。有幾個重點，生理上是身體機能退化。請留意小朋友走路，腳分開一點，原來年老也是一樣，因為平衡差了、重心不穩。另外，心態上也喜歡人哄騙取悅。街上的長者老是說話特別大聲，因為他們自己聽覺差了，需要人家大聲講話，以為自己也

要大聲跟人家說話，已經習慣了。不喜歡戴助聽器是一個問題，卻又說聽不到東西，但其實他們是選擇性聽人家說話。

　　活着年紀大了，會有某些常見的病，都不是很難處理。柏金遜與腦退化症不同，柏金遜其實年青的也有，40歲的教授也有，因腦部某些東西不足夠，令他們控制動作有問題。老人癡呆是因為「硬盤hard disk」舊了，裝不了這麼多東西，特別是新的事物，運作也沒有這樣快的現象。幾十年前的事情記得很快，近期的事很容易忘記。有沒有辦法可以預防？坊間有人講打麻雀，是否有成效也不知。

　　有些東西是沒有定義的，退休後仍活在社會上，只不過是身份不同。我會套用一個已退休的「處長」講法，退休其實是轉行，是如何去安排生活和心態，去做其他東西。我們要接受世界好像流水一般向前去，如果人人不退位，後人如何延續？社會上還有很多有意義的工作去做。

　　家庭醫生八件事：行得、走得、食得、瞓得、健康，快樂、不用為錢煩、最後是好死，但不能預測及強求，是修到的。

參考資料：
方玉輝醫生著《健康探索下半生》和平圖書有限公司出版，2007年，香港

長壽不等於幸福，如果因健康衰退需要照顧，
相信很多人未必希望長壽。

——莫俊強醫生

李樂詩攝影

認識身體的自然退化

莫俊強醫生

醫院管理局新界西醫院聯網統籌專員
屯門醫院內科及老人科部門主管

身體衰退

香港人應該很高興我們是世界上第一長壽的！原來活在不最完美的景況下，又有生活壓力，人也可以更長壽，重點是需要取得平衡。香港醫療系統確實不錯，可是香港有愈來愈多老人家。通常人口金字塔是年青的居多，年老的漸少；但現實是「人口金字塔」開始呈現長方形，2016年，全港人口65歲以上已有1.18百萬人，即年老的愈來愈多，年青的比較少，反而擔心會形成倒轉金字塔。

設身處地來說，最重要是不要太依靠兒女，故此要留意自己的健康狀況。《黃帝內經》提及一個人的身體變化，女子以七歲、男子以八歲為一個階段；我不大同意，因為事實上女人是比男人長壽。

如果以十年來分階段，首十年是「少少年」，之後十年是「中少年」，再後十年是「老少年」。當然三十歲是成年人，然後是「少中年」、「中中年」和「老中年」。其實我們不能不認老，因為變老是自然的過程。所謂老年，單憑外表是很難細分。已進入老年但仍是精力旺盛是「少老」，七八十歲是「中老年」，慢慢面對身體狀況改變，八十至九十歲的，醫學上的老人科稱之為「老老年」。時代改變，一百歲老人留醫後能出院也很常見。

人的身體狀況以三十歲為最佳，之後開始衰老，女性會停經，身體明顯有變化；男性沒有經期，但身體狀況會不自覺地轉差。我們的身體機能、思考、心理等從顛峰狀態開始衰退或變化，這其實與環境和遺傳因素有關。

男性也有更年期，即是男性荷爾蒙從三十歲開始減少，這與女性一樣，只是女性荷爾蒙減少是以停經表現出來。由於男性不大察覺自己的變化，以為身體狀況仍然很強盛，其實已經開始衰退。男性一般容易覺得自己五十歲和三十歲時一樣，只是日常的城市生活對體能要求較少，但遇到劇烈運動如跑馬拉松、渡海泳等便容易受傷，甚至死亡。

很多人一旦感到自己老了便會不開心，其實自己早已老了，只是沒有察覺吧！因此需要認知身體上所有器官會慢慢轉差。整體上，我們可能會覺得自己變矮和有點「駝背」，脊骨之間的軟骨水份開始減少，甚至會有骨質疏鬆。我們可能會察覺脂肪增加，肌肉減少，皮膚彈性也減少，且皺紋變多，即皮膚結構慢慢衰退。

心臟機能和結構轉差，做運動時心跳不能如年青般有勁，血管開始硬化。腎臟機能變得排毒困難，由於腎功能衰退是不能逆轉，如果食物中毒，身體器官排毒的能力就會減低，所以應該要格外注意飲食。至於肺功能減弱，可能會令人覺得容易氣喘、氣促。腸胃的蠕動變慢，容易有便秘，所以要小心選擇食物。骨骼方面，除了骨質疏鬆之外，關節隨着時間磨蝕，可能會患上退化性關節炎等。

視力方面，會有老花，又因眼睛的晶狀體伸縮度變慢和變低，容易眼花和聚焦困難，晚間視力變差。至於聽覺，聽高頻率的能力減少，即所謂「撞聾」；可以配戴助聽器，較昂貴的可減少雜音和提升說話部份；但有老人家不喜歡，寧願聽不到，所以大家要體諒。

另外，免疫系統也會愈來愈差，大家應該打預防針。還有神經系統，腦部正在萎縮，是多了水份，學習能力可能轉差，大家應該趕快學些新事物。

老年人有的是經驗，即使因認知障礙症而忘掉近期的事物，只記得過往的，也是有用的，因為經驗很重要。另外，內分泌方面，身體某些荷爾蒙，尤其是男女性荷爾蒙變得不足夠，同樣，胰島素也會減少，容易患上糖尿病，這與荷爾蒙變化有關。

人體狀況是會慢慢逐步變差，由三十歲開始計算，大約每十年下跌百份之十。沒有受到挑戰時，大家不會察覺身體健康變差，可能不時要警醒自己。

　　整個人的身體健康有身、心、社、靈四個部份，老年時的負面心理主要是「失去」和「惶恐」。尤其是男性，一旦退休，發覺自己失去很多，包括地位、收入，所以要好好預備退休。另外，年紀愈大愈多身旁熟悉的人離世，會有「失去」的感覺。「惶恐」是心裏面的感覺，因客觀環境改變，如害怕生病，不能再獨立自主，然後步向死亡。有信仰的人，較容易跳過這一關。人到中年或踏入老年，開始多尋求靈性上的支持，需要進入靈性的境界，以另一個角度看人生究竟代表甚麼。

　　其實女人也有男性荷爾蒙，男人也有女性荷爾蒙。一個有趣現象是，女人到中年後期或開始步入老年時，會較像男性；而男人會出現的特質是容易流淚、感觸。男人過去在面對困難時，不大會表達，就以工作成就來支持整個人生；一旦退休，慢慢出現女性特質，也容易變成抑鬱。女人反而較容易適應退休，她們的社交網絡較佳。很多男人抗拒自己有女性的特質，因此內心會掙扎，感到不開心；其實只要接納自己有女性的特質，才能互相兼容，做個成熟的人。女人也一樣需要兼容自己有男性的特質，這樣才是個圓滿的人。

　　天主造人是要我們做圓滿的人，只要我們內心慢慢兼容，既有男性的智慧，也有女性的感受，其實是相當不錯。這是自然要面對的事實，大家想想，能夠有男性的理性分析和女性的感應，很多爭拗都會減少。

　　說到「靈」的轉變，會在很多人心裏出現，尤其是信仰方面。人到中年之後是個機遇，讓自己內心反省，體會到自己的身體變化時，也體會內心的變化，這樣整個人生才是圓滿。

疾病

儘管大家都不願意，可是始終要面對幾類大病，即腫瘤、心臟病、血管病和認知障礙症。香港男性常見的有肺癌、大腸癌和肝癌。女性主要是乳癌、子宮癌，也有大腸癌。近十多年，癌症治療已有很大進步，就是標靶治療，由因子排列與癌細胞結構發展出來，能夠認到癌細胞及將它殺死，不像以前所有抗癌藥基本上都是毒藥。現在癌症不是一種必死的病，而屬於慢性病，好像患糖尿病一樣可以進行治療。有些很獨特的癌症也可以治癒，只是藥物較昂貴。整體上癌症是可以控制的。最難醫治的是肺癌，其次是大腸癌，然後是肝癌、胃癌和乳癌。如果可以愈早發現患病，又能夠進行標靶治療，是會有不錯的療效。

另外，大家需多加留意的是心腦血管病。遇有心臟血管阻塞，需要做「通波仔」手術，加個支架；腦血管病即是中風，腦部的血管阻塞或者爆裂。基本上，心臟疾病或腦部疾病其實都是血管病。雖然癌症的致命率降低，但現代人生活模式近似西方，脂肪高、血糖高、體重高和血壓高的狀況比前增多，也對血管有害，令血管毛病致死的情況增加。

心臟病名稱是冠狀動脈心臟病，心臟病發的原因是血管有脂肪，慢慢增多而變成阻塞，血流不到的部位便會壞死，就是心臟病發。心臟病引發很大痛楚，像被石塊壓着不能呼吸，會出冷汗，甚至暈倒。成因除了脂肪高、血糖高、體重高和血壓高外，吸煙令血管硬化也是加速心臟病病發的原因。大家應多做運動，既對身體健康有益，又可以令血管健康。

心絞痛是心臟病其中一個病徵，而氣喘則顯示心肺機能已轉弱，最明顯的症狀是睡覺時氣喘。另外，高血壓和心臟情況不佳的情況可能是由睡眠窒息症引起的。

中風是腦部血管病，大血管阻塞可以突然引至癱瘓，小血管阻塞可在不知不覺間引致認知障礙或癡呆。因腦部血管病變或血管阻塞不能提供足夠血液，以至腦部某些部位缺乏血液供應。「爆血管」就是有血塊壓死腦細胞，腦細胞死亡後不會再生長；因此，中風可致死或嚴重傷殘。腦部是中樞神經總部，中風就像總部被炸掉，變成半身不遂，需要很多護理。以前中風的多是長者，因為血管容易變差，現時四五十歲的中年中風者也很普遍。

如果腦部中樞神經某一部份出了問題，受這一部份控制的肢體便會癱瘓。嚴重的中風者會休克，甚至死亡。中風之後也可以影響到其他身體部份，視乎腦部中樞神經出問題的部份在哪一個位置，以及其範圍。

有電台節目曾講過中風情況是「談笑用兵」，「談」是開始說話不清，「笑」是面歪，「用」是手腳不能隨意活動，「兵」是似打仗般迅速；一般中風是單一邊手腳出現問題。一旦出事，應盡早到醫院進行電腦掃描，若是血管阻塞，可以在三小時內進行溶栓治療，這個治療是要溶掉阻塞的血塊，讓血管暢通，所以需盡速到醫院。

雖然中風受影響的腦部部位不能復原，可是通過康復治療，該部位附近的部份可以輔助活動，但不會太靈活；所以中風病人應多練習，假以時日，定能回復部份活動能力。

中風事前沒有先兆，如果突然間手腳麻痹，特別是單邊持續麻痹，最好即時看醫生。麻痹也有很多其他神經線的原因，雙手麻痹則通常不會是中風。

「輕微中風」通常是指微絲血管爆裂，嚴重程度視乎出事位置所在，不過微絲血管長期阻塞，也可能漸漸引起認知障礙問題。

認知障礙症即亞氏癡呆症，是腦部退化，一些腦細胞開始死亡，令患者記憶力轉差，也有情緒、行為甚至性格上的變化，有些患者性格變化得很快。其實記憶力由開始轉差至最差階段約需十年，百份之五十至七十五患者屬此類，其餘的屬其他腦部病症，其主要表現是記憶力差和腦功能衰退，有如返老還童的過程。由開始忘記一些重要的事情，慢慢連日常生活都記不起，也不會做，最後要臥床讓人照顧，老人就像嬰兒般需要照顧，飲食也需要照顧。這類病人的腦血管通常不佳，亦有脂肪高、血糖高、體重高和血壓高等情況。中風多亦會變成癡呆症，所以需要預防。若要治療認知障礙症，目前的西藥都是治標不治本，服藥後是表面行為好轉，但退化沒有減慢，即十年後仍需要臥床。

認知障礙症的病情分為七期，到達第三期已開始影響日常生活，第六期會開始失禁，第七期會失去語言能力。

柏金遜

柏金遜是另一種腦退化病，相對於認知障礙症的整個腦部退化，柏金遜只是腦部某部份退化，缺少多巴胺，整個人的活動能力變慢及繃緊，但仍能思考，因為腦部本身沒有退化。可以處方多巴胺藥，以維持一段時間良好狀態，即大約十年。其後病人的活動能力及體質亦變差，容易受感染，需要坐輪椅和照顧，但頭腦仍然清醒。一些病人會有吞嚥問題，容易發嗆，引致很多併發症。

認知障礙症初期記憶力差，通常是忘記日常生活小事開始。到後來，會不斷重複問同一問題，但答案又很快忘記，直至到日常一向會做的事也不曉得做。一般自動求醫的是聰明的人，因為自己察覺到記性變差。

但不用太灰心，有醫學研究是用標靶藥清除腦細胞退化的物質；不過此藥有很大副作用，會令腦部發炎並致命，實驗基本上成功但病人死亡，即此藥現時不可行。科學進步，現時尚在研究中，希望可以阻慢腦細胞退化，但目前尚未有腦細胞再生技術。

預防及保健

香港人相當幸福，因為夠長壽，但長壽不等於幸福，如果因健康衰退而需要人照顧，

相信很多人未必希望長壽。雖然退化不能避免，但有些疾病是可以避免的。大家需要做運動、避免發胖和不要吸煙飲酒，還有要注意精神健康，如有穩固的婚姻當然更佳。

防癌方面，大家可以參考香港防癌會網上的十三招，其中有戒煙、保持正常體重、每日運動、遠離高脂和高糖食物、少吃鹽、多吃水果和蔬菜、少吃加工肉類、節制飲酒，最好避免飲酒，還有不要倚賴補充劑、用母乳餵哺嬰兒和安全性行為等。至於乙型肝炎，最危險是會變成肝炎或肝癌，是值得打預防針的；還有，預防皮膚癌要避免曝曬。

運動

不論任何年紀都要隨時隨地做運動。個人推薦太極，有多種好功能，對身心靈有益。另外，游泳對心肺功能好，但不是負重運動，對骨質疏鬆未必有明顯幫助。有關各類運動資料，可以參考衛生署的網頁。每天運動至少半小時，另外，運動前後的熱身與緩和運動共約一小時。沒運動習慣的人，可以慢慢開始，不用急進。

飲食

有證據顯示「地中海飲食」是健康飲食，它主要是水果、蔬菜、海鮮，雖不便宜，但

有醫學證明實行這類飲食習慣可以降血壓，效果相等於一粒血壓藥。

簡單來說，長者要吃得清淡，少吃紅肉、鹽、味道濃郁和加工食品，多吃水果蔬菜，米飯要限量，但需要碳水化合物，否則不能「飽肚」。

均衡飲食很重要，否則不能維持健康體魄。肥胖的人需要減肥，因肥胖會增加患糖尿病和心臟病的機會，而且肥胖的脂肪會產生身體內一些炎症，這些炎症會令血管硬化。

吸煙沒有任何好處，是引致肺癌和口腔癌的直接原因，所以要戒煙。至於飲酒，有說紅酒是可以減少患上心臟病的機會，但酒精始終是第一類致癌物質，所以還是以不飲為上。

預防疾病

有關認知障礙症，一個人如果本身的腦能力高，是會退化得較慢，轉差的時間會延長，所以鼓勵大家多做腦部訓練。大家亦可參考香港認知障礙協會網頁中的中國「六藝」。

大家也需要注意牙齒問題，老來如果牙齒全掉了，生活質素會變得很差。若有需要可以考慮佩戴假牙或種牙，但保持牙齒健康始終最重要。

從西醫角度看，我們不需任何補藥，現今食物多元化，只要飲食均衡，不偏食，是不

會缺少營養的。就算女性停經後用的女性荷爾蒙補充劑也有很多後遺症，可能做成血管阻塞，所以現在已停用，順其自然反而更好。

大家最好每年進行身體檢查、量度血壓、驗血以檢查膽固醇、糖尿和脂肪水平等。若四十歲時驗過一次是正常，可以三年驗一次。有兩種癌症需要定期檢驗，就是子宮頸癌和大腸癌。

至於女性的乳房X光造影檢查和男性的前列腺癌檢查，其普查的有效性仍有很多問題；因為這些檢查不是百份百確實有沒有患病，只是一個篩查，之後需再作侵入性檢查跟進。其他檢查如照肺、驗肝癌指數、胰臟癌指數等，醫學界一般不建議每年進行這些檢查，除非感到身體不適或有家族歷史。大家反而應該注射流感疫苗，因為能有效減低流感風險和減低併發症的機會。

此外，年長者患帶狀疱疹，即俗稱的「生蛇」機會較多，可以選擇注射預防疫苗，能減少患病機會。

由於長者感染肺炎鏈球菌而引致的死亡率頗高，政府免費提供疫苗注射予長者，每五年注射一次，能減低感染肺炎機會。

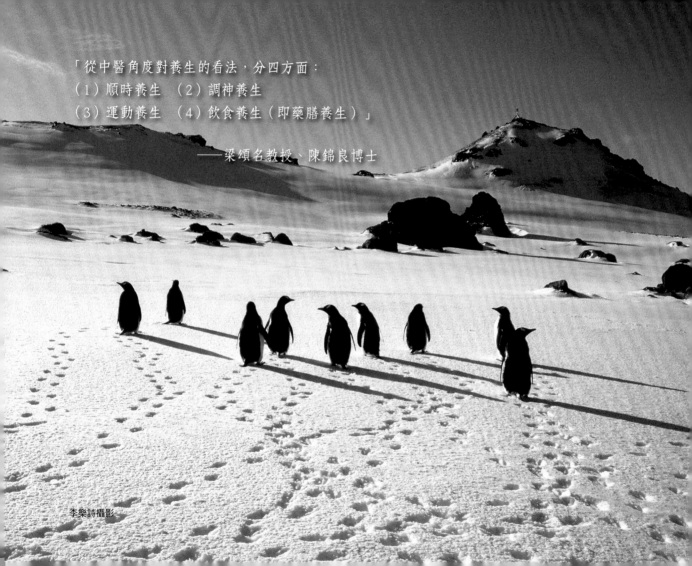

「從中醫角度對養生的看法，分四方面：
（1）順時養生　（2）調神養生
（3）運動養生　（4）飲食養生（即藥膳養生）」

——梁頌名教授、陳錦良博士

李樂詩攝影

健康是人生與社會最寶貴的財富，如果沒有它就沒有一切，學習、事業、成功就失去意義了。所以世界衛生組織（WHO）提出健康的4個必定因素：（一）內因，即遺傳佔15%；（二）外界環境因素佔17%，其中社會環境佔10%，自然環境佔7%；（三）醫療環境佔8%；（四）個人生活方式佔60%。所以決定個人的健康，個人生活方式十分重要。遺傳不是決定因素，如果個人生活方式能遵照養生規律，一樣可以長壽，可以健康。從上述數據看來，人類的健康及壽命取決於個人生活方式，而養生的指導是教導我們正確的生活方式，以及保持健康的重要手段。後來WHO又提出加入生活規律作為養生的基石之一，包括飲食、適當運動、戒煙及少酒佔50%，而心理平衡佔50%。總括來說，調神養生，比其他的因素都更重要。

養生與食療

梁頌名教授（圖左）
香港中文大學中醫學院前客座教授

陳錦良博士（圖右）
香港中文大學中醫學院講師

從中醫角度來看，通過各種調節，保養，簡稱養生；可以增加人的體質，提高正氣對外界環境的適應能力和抗病能力，從而減少疾病的發生。即是使機體的生命活動過程處於陰陽協調，體用和諧，身心健康等最佳狀態，又能夠減少癌症的發生，從而延緩人體衰老的進程。所以養生對於預防疾病，提高人類健康，延年益壽，都有十分重要的意義。

從中醫角度對養生的看法：

可以分為（一）順時養生　（二）調神養生　（三）運動養生　（四）飲食養生（即藥膳養生）等四方面。

中醫的第一本著作《黃帝內經》，是春秋戰國時代的著作，距今已 2 千多年，是教人如何養生，但現代人實踐的不多。

《黃帝內經》說「上古之人，其知道者，法於陰陽，和於術數，食飲有節，起居有常，不妄作勞，故能形與神俱，而盡終其天年，度百歲乃去。」古人認為人的壽命應該有 100 歲，甚至 120 歲。

內經云「虛邪賊風（即不正之氣），避之有時；恬淡虛無，真氣從之，精神內守，病安從來。」即一個人的思想要清淨安閒，不多雜念，不多想其他東西，真氣就隨着情緒清靜而得到保存，精神也自然會內守。既然精神保護得很好，還會生甚麼病呢！

從現代語言來說，要保持心理平衡，做得到就沒有病了，但知易行難。一個人遇到甚麼事情要看開些，思想要清靜些，不要過於複雜，那麼真氣便得以和順。這段話對指導養生有十分重要意義。

《內經》又云：「是以志閒而少欲，心安而不懼，形勞而不倦……。故美其食，任其服，樂其俗，高下不相慕。」這段話的意思是說凡是能夠志意安閒的，就少嗜欲，心神安定的，就臨事不恐懼，所謂：「平生不作虧心事，半夜敲門也不驚」。形勞而不倦：是指做事疲勞也不累形體強健的，就會勞動也不知疲倦，心情愉快。美其食：是指由於有了以上好精神基礎，所以食甚麼也好味。任其服：是指不管穿甚麼服裝，綾羅綢緞無所謂，粗衣麻布也好也不會計較。樂其族：是指去那裏也好，安樂於當地的民族風俗。高下不相逢：是指對下級不歧視，對上級不羨慕，安份守已，自己做好本份工作。

（一）順時養生

亦叫四季養生，是指順應四時氣候，陰陽變化的規律而調養起居飲食，使人體與自然環境協調起來，即天人合一之意思。中醫很強調天人相應，天人合一的觀念。

四季即春夏秋冬。春季起居飲食，《黃帝內經》有記載，說春季要夜睡早起。中醫講春夏養陽，秋冬養陰。因陽氣從春天開始慢慢升至夏天 6 月，轉向 7 月秋天陰氣漸盛，即中醫所說陰陽交替的階段。故春季起居上要注意衣著保暖，防止感冒。

春主風，春天與風相應。春天風氣最盛，所以容易患感冒。中醫理論有關起居飲食，主張多食健脾的食物，並多吃護肝的食物。為何呢？因為春天屬肝木，肝氣最旺盛，容易過剩，易於發脾氣，出現橫剋脾土，導致腸胃虛弱，容易發生腸胃病。春天消化系統毛病比較多，建議多吃些健脾食品，如淮山、芡實。春屬肝木，要吃護肝之物，要疏肝，清肝及養肝。菊花及夏枯草是清肝，雞骨草是疏肝，杞子是養肝。

春天，少食油膩，以免影響脾胃消化功能。過量食用酸味飲食，易使肝氣過於旺盛。五味入五臟。五味即辛、甘、酸、苦、鹹。《黃帝內經》有云：五味所入，五味所傷，五味所禁的論述。故不能偏食某種食品。

春季食療

起居上	注意衣著保暖，防止感冒，因為詩云：「二月休把棉衣撇，三月還有梨花雪。」 春季剛從冬季過來，特別是初春經常出現乍暖的氣候。春主風，春季風氣最盛。
飲食上	**多食** 健脾之品：味甘之淮山、芡實、蓮子等（甘入脾） 護肝之品：菊花、夏枯草、雞骨草、杞子（疏肝、清肝、養肝） 春屬肝木，肝氣旺盛，容易過盛 橫剋脾土： 致脾胃虛弱，易患胃病 易患肝病 ： 本臟自病 **少食** 油膩、難消化之品：以免影響脾胃之消化功能 煎炸、辛辣過熱之品：防積熱於裏，引動肝火 酸味之品：過食酸味飲食易使肝氣過於旺盛（酸入肝）
保健湯水	**健脾消食湯** 組成：山楂肉、炒麥芽各5錢、陳皮2錢、水煎服 功能：健脾開胃，疏肝理氣，用於消化不良，脘腹飽脹

　　夏季要晚臥早起，是開花結果季節。穿着宜吸濕性強，透氣性好，輕薄涼爽寬鬆，每日宜午睡半小時，以消除疲勞，恢復體力。因為夏季氣候炎熱潮濕，夏日炎炎正好眠。飲食多吃清淡爽口，甘寒生津，解暑去濕之物，如西瓜、綠豆以防中暑，同時夏季氣候炎熱濕重，少吃油膩煎炸食物；因為夏天炎熱，再吃這類東西火上加熱，易傷人陰津。過於寒涼之品亦不要吃，因為天氣熱，所以汽水雪糕、飲料銷路最廣，夏天往往腸胃病較多，因吃寒涼食物過多，易傷人陽氣。正如中醫說：「寒傷陽，熱傷陰」，故飲食要注意調配寒熱，不要偏過。

夏季食療

起居上	穿着宜吸濕性強，透氣性好，輕薄涼爽寬鬆，每日午睡半小時，以消除疲勞，恢復體力。 夏季氣候炎熱潮濕，尤以中午暑熱最盛。
飲食上	**多食** 清淡爽口、甘寒生津，解暑利濕之品，如西瓜、綠豆之類，以防中暑，同時夏季氣候炎熱濕重，且易出汗而耗傷陰津。 **少食** 油膩、難消化、煎炸食物：夏季氣候炎熱，過食火熱之物，火上加油，且炎熱潮濕每致脾胃功能降低，難以消化油膩之品亦忌。 過於寒涼之品：「寒傷陽」，過食寒涼易傷人之陽氣。
保健湯水	**冬瓜薏米綠豆湯** 組成：冬瓜半斤、薏米、綠豆各 1 兩，煮湯食豆。 功能 ： 消暑利濕，用於暑天暑熱心煩口渴。

秋天要早臥早起，秋高氣爽景色。衣著要根據初秋和深秋特點而增加。初秋不宜過早添衣，初秋剛從夏季過來，熱氣未完全消除。深秋要適當增加衣物，白露過後秋分，秋分天氣轉涼。所謂：「白露秋分後，一夜涼一夜，一場秋雨一場寒」。秋分後，一下雨天氣便轉涼。北方氣候變化比較明顯，廣東香港不甚顯著。注意氣候轉變，要及時添衣或減衣。尤其是年紀大了，更要保持適當溫度。由於秋天氣候乾燥，飲食上多吃潤燥之品。秋燥，分初秋與深秋。初秋氣候比較熱，水份比較少，皮膚乾燥。初秋還有點熱，飲食要清潤。深秋要溫潤，少吃辛辣燥熱之品，如薑、葱等。因為過量食用辛辣食品易傷人的肺氣。因辛味入肺，如過量可傷肺，而出現肺燥，乾咳。另外，過食辛味亦會傷大腸津液，會出現大便乾結；因肺與大腸相表裏，有時大便不通，可加宣通肺氣的藥。因肺氣通，大便即通，反之，大便不通，亦會影響到肺氣不宣，出現氣逆喘咳，故肺與大腸存在「雙通」的關係。

秋季食療

起居上	衣著要根據初秋與深秋氣候特點而增減 初秋不宜早添衣：初秋剛從夏季過來，熱氣未消除 深秋適當增添衣服：「白露」過後，天氣漸涼，所謂「白露秋分後，一夜涼一夜」 保持室內一定溫度：秋季氣候乾燥
飲食上	多食潤燥之品 — 秋燥 初秋：宜食清潤之品，如馬蹄、雪梨、甘蔗之類 深秋：宜食溫潤之品，如花生、合桃、柑橙、紅薯、杞子之類 少食辛辣燥熱之品 如薑、葱、蒜、煎炸之品，過食 傷肺氣：燥咳（辛入肺） 傷大腸津液：便乾（肺與大腸相表裏）
保健湯水	百合潤肺湯 組成：百合、沙參各一兩，豬肺半斤，共炖，調味，飲湯食肉及藥渣。 功能 ： 滋陰潤肺，用於肺燥咳嗽，心胸煩悶，咽喉乾涸。

　　冬天要早臥晚起，必待日光，注意多穿衣服，預防感冒。《黃帝內經》：冬天傷於寒邪，如不即時發病，寒邪潛伏在體內，到來春，在人體內部積得太久會化熱。一到春天就爆發。一經爆發，發燒比較高，與一般風溫感冒不同，中醫稱之為春溫。冬天屬腎，飲食上多吃溫補腎陽之物。腎藏精，腎精旺盛，體力增強，抗病力增加，則少生　熱病。故《內經》說：“藏於精者，春不病溫”。如冬天腎精不足，並容易感受寒邪，至春天發病。因此，少食辛辣之品，以免傷及腎精，故《內經》說：「冬不藏精，春必病溫」，就是這個意思。

冬季食療

起居上	注意多穿衣服保暖，預防風寒感冒，「冬傷於寒，春必病溫」。
飲食上	**多食溫補腎陽之品** 如牛、羊、雞肉，燉品火焗之類：「腎藏精」。腎精旺盛，體力增強，抗病力提高，可達到來春不生或少生溫熱病的目的。「藏於精者，春不病溫」。 **少食辛燥之品** 以免傷及腎精（陰）：「冬不藏精，春必病溫」。
保健湯水	**合桃補腎湯** 組成：合桃仁 1 兩，巴戟天、杜仲各 5 錢，黨參 1 兩 功能 ： 補腎強腰，益氣健脾，用於脾腎兩虛，腰膝痠軟，疲倦乏力，夜尿頻多。

（二）調神養生

內經云「失神者死，得神者生」，強調養生尤重調神。具體而言，神指人之精神意識，思維活動。

養靜藏神：是要求人們保持心境安寧，愉快和達到虛懷若谷、無私寡慾的精神境界，同時做到對一切聲名物慾有所節制，如能這樣，就能做到「人到無求品自高」。

移情易性：移情是指思想焦點轉移他處，或改變內心慮戀，使其轉移到另外的事物上。易性指排除或改變其錯誤認知，把不良情緒或生活習慣適度宣泄，以恢復愉快平和的心境。

晚年要有目標：老人想不服老，有所作為，就要有生活目標，但不要對此有過分要求，這個目標及要求，應定在自己能力範圍內，按目標去奮鬥，自然可以計劃人生，過得有意義。

要奉獻：退休後，在有生之年，要繼續發揮餘力，就能享受繼續奉獻的樂趣。生活中要助人為樂。因為樂於助人，可以證明自己之存在價值，更可獲得珍貴的友誼，令心情舒暢。

對他人、子女的期望不要過高：否則期望愈大，失望愈大。對待事物，不要甚麼都管，要順其自然，時刻牢記，知足者常樂，能忍者自安，自得其樂。

要溝通：遇到煩惱，要與家人及親朋好友聊天、傾訴、外出旅遊、參加健康活動，都可以充份獲得人間真情和歡樂。如有煩惱，要發泄出來，不要鬱在內心。

自控：心理平衡，關鍵在於自控的能力，遇到突發事情，必須要冷靜，即使是不順心的事，亦要保持冷靜，不要生氣、上火、發脾氣。生氣後，便令自己不順暢，令人容易生病。但偶然亦要發一發牢騷，以舒解不快。奉勸人們不要執着，要保持平和心境，令身體健康，則長命百歲。

放鬆：培養有益身心健康的愛好興趣，如參加文娛活動、聽音樂、下棋、跳舞等，心情自然舒暢。所以放鬆對老年人的心態平衡十分有益。

（三）運動養生

生命在於運動，經常鍛鍊身體，能夠增強體質，提高抗病能力，促進健康，延年益壽。

清代一位傑出的教育學家顏習齋曾說：養身莫善於動。運動的方式很多，如跳繩、游泳、跑步、步行、體操等。對於中、老年的人，以我國之傳統健身術比較適合，包括太極拳、八段錦和各種氣功以及武術運動等。步行也是中老年最適合的一種運動。

（四）飲食養生

注意飲食衛生：防止飲食不潔，不要食腐敗變質的食物。

提倡飲食有節：飲食要有節制；養成良好的飲食習慣，提倡定時定量，每頓不可過飽，貴精不貴多。

克服飲食偏嗜：不要吃過分寒涼或燥熱的食物，五味要均衡，平衡飲食，以清淡為主。

適合的藥膳：所謂「藥食同源」，要結合食物的性味和歸經，辨證和選擇，以期達至治療和保健的功效。

配合體質：體質有陽熱和陰寒之分，選擇食物時要根據其寒熱性質加以配合服用。

現代人如果每天大吃大喝，體內的毒素只會愈積愈多，應該經常給腸胃減壓；建議每周留一天少吃一點，給胃腸放假，增強人體自身的排毒能力。另外，北京中醫科學院一位年過 90 歲的老中醫說，飲食上要吃得慢，食得少。這樣可減少肝臟負擔。據研究，口水含有很多消化酶的神經生長因子。他舉例說，動物可以用口水舐傷口，傷口也可以癒合。多咀嚼，口水分泌多，則口水的消化酶活性因子增多，故中醫稱口水為甘津玉液。所以千萬不要讓嘴部退化，尤其別讓舐泌退化。

以上粗略地介紹了一些養生和食療的知識後，如果能保持愉快的心境，有適當的運動和飲食，相信我們是一定能減少疾病的。

近代人認為：最好的心情是寧靜，最好的運動是步行，最好的醫生是自己，最好的藥物是時間（早期預防），最好的體態是健康。祝各位身體健康，生活愉快！

養生就是「正氣存內，邪不可干，
邪之所湊，其氣必虛。」

——林冠傑教授

李樂詩攝影

養生與食療

養生與食療

林冠傑教授

香港中文大學醫學院中西醫結合研究所客座副教授
香港中文大學中醫學院客座副教授
註冊中醫師

中醫說「養生」只有兩點，第一是身心健康，是養生根源。儘管我們有很多山珍海味、靈丹藥石，但身心不健康、心情不健康，是最痛苦。

其次，「放下」是很重要。筆者當了中醫二十七年，臨床上見過的病人常常滿口抱怨投訴，他們投訴家人、上司、同事等，每天有很多壓力和投訴。作為一個養生課題的開始，最重要就是曉得「放下」，放下執着。

不要追着回憶、追着喜、怒、思、憂、恐，追着那些情、開心或不開心的事。

深信「情志」的調養。中醫很注重情志，因為七情六慾會致病，中醫認為「風、寒、暑、濕、燥火」和「喜、怒、思、憂、恐」就是致病原因。養生就是「正氣存內，邪不可干，邪之所湊，其氣必虛」，即是一個人正氣好，存在身體裏，便不怕因情而引起的「風、寒、暑、濕、燥火」。

中醫認為百病之首是「風邪」；冷氣太強吹着頭部，感覺不適就是風邪。整天打開頭部後方的窗戶，便容易患上鼻敏感。很多人因為風邪而傷風感冒開始生病，不少人因肺炎離世，都是由「風」引致。

「燥」的由來，就是現今的秋燥，天氣很乾燥。中醫認為春夏養陽，秋冬養陰。秋天是燥的天氣、皮膚都乾燥。中醫認為「金」屬肺，秋燥會傷肺，所以秋天需要滋潤「金」，可以飲滋潤的湯水如沙蔘麥冬湯、清補涼湯；負擔得來的可以吃燕窩，不然吃雪耳也可以。秋天緊記養陰，少言多行，適宜多散步，但不可出大汗。這也是秋天的節氣。另外「秋燥」的時候容易長痱滋、咽喉痛和痔瘡發炎，皮膚也容易乾燥爆裂和長小瘡。中醫認為致病原因是與節氣有關。

食療，最簡單就是運用街市當造的食材，秋天的豆苗、芥蘭、唐萵便是時令的養生食材。

怎樣保養自己？就是保持心情開朗和順其自然。和家人或朋友爭吵時，要放下一些情緒，但不等於放下自尊、尊嚴。千萬不要太執着，少些對罵。人生有時會有誤會，要學懂放下。

講課內容——養生與食療

養生最重要是凡事都要拋開些，沒有人能知明天的事，人生是精彩或是痛苦，在於我們不知道明天怎麼樣，與其痛苦，不如選擇精彩好了。先過今天，明天自有明天的一切，當然最好有些準備，但不用計劃太多，因計劃到某階段會感到壓力，這就是人生，中醫所謂「情志」。

在中醫角度，肝主憂慮，脾主思慮。憂慮過度會傷肝，也傷脾胃，脾胃是整個消化系統，一個人愈緊張和壓力大，影響消化系統。中醫認為脾為後天之本，腎為先天之本，後天保養最重要是脾胃。

此外，平衡也很重要，也要懂得調養情緒，這是養生最大一關。養生是講求調養、保養、再保養。怎樣保養？就是可以自理病。其實身體沒甚麼大礙就不用看醫生，輕微不適應該會得接受。可以嘗試分析問題，但不要太沉迷分析。人生無常，做人能簡單些、快樂些，便是真正的養生。

中醫常言「精、氣、神」，還有「形」，要培養「精神」和「氣」。中醫所謂「氣」是指呼吸大自然的空氣，連同進食後食物所產生精華的氣儲在身體裏，這就是正氣、宗氣。「氣」是需要練習，要盡量多些用腹式呼吸。

所謂五禽戲，由華陀創立，即是扮老虎等動物。也可以練習大雁氣功，動作像一隻雁般大鵬展翅；或練習太極，其中需要練習很多動功；其他如八段錦、易筋經等都是有「形」的。需要有「形」是因為只有活動筋骨才能運行，從而配合多些深層次呼吸，是中醫所謂「形神」的「形」。這是形態思維訓練，也是腦袋訓練，所以學習氣功很有用，重點是如何有「形」、有「氣」和有意念。

中醫所謂治未病要養生，即順應自然，想分享一下秋冬季節和痛症的關係。秋天怎樣才可保護肺部？要多散步，不要常常坐着，但不要大量出汗，亦不需要操練。秋天陽光一出便應起床，外出散步，晚上十一至十二時便應睡覺。其實只要起床後踱踱步、活動一下，都是好的，若感覺疲倦，寧願醒腦之後再午睡。

人是需要吸氧氣的動物，所以應該外出吸氧氣和活動一下，這對我們的「氣」有益。但人是絕不能打霧水，我們不是植物，不應早上四、五點，即天還未亮便外出打霧水，中醫所謂「霧氣乃濁氣」，是不好的「氣」。宜等到太陽初升才去晨運，以免吸入霧氣、濕氣、塵蟎和污濁。

冬天宜冬眠，秋收冬藏。中醫認為冬天應多吃肉類，血肉是有色之物，可吸收多些營養，然後慢慢吸收儲備。秋冬是相對較佳的進補時候，因為不容易讓「氣」外泄，也沒那麼容易燥熱，建議秋冬時微微進補。

另外，長者不宜太瘦，因太瘦容易導致骨質疏鬆，關節需要靠肌肉、韌帶和骨頭支撐，沒有足夠肌肉，鈣就容易流失。長者最好多些肌肉和保持微胖身型。中醫認為由於氣虛，血管內的血液因而乏力而難以推動體內雜質，因而容易引致高膽固醇和血管阻塞，甚至骨質疏鬆。

生長衰老過程

六十為一個花甲，古代中醫以「七」形容女性，女子七歲開始腎氣好，開始出牙，牙齒和頭髮都美好。二七而天癸至，即十四歲開始有經期，古代十四歲可以生育，也開始腎氣差，雖然牙齒生得好，但開始衰退了。四七是廿八歲壯年；五七是三十五歲，開始面色焦黃和掉頭髮；六七是四十二歲，開始出白髮；七七是四十九歲天癸竭，即月經會停止。這都是中醫古代的說法，也就是中醫所謂生長衰老過程。人活着是有規律，有起、有止、有終。

男士以八歲開始列出，中醫古代說法是八歲開始腎氣好，有頭髮、牙齒，二八時腎氣盛，精氣溢瀉，陰陽調和，可以生產；三八是廿四歲，是最雄壯的時候；四八時更壯健，之後便開始衰退；七八是五十六歲，天癸竭；八八是六十四歲，牙齒和頭髮都甩掉。

調養

要隨着年歲調養，就是以肝脾腎調養。肝主筋，屬木；腎主骨，屬水，主頭髮；脾主四肢，主肌肉；所以肝、脾、腎就是調養的中心命脈點。

至於養生概念，中醫如何避風寒，這個「虛邪賊風，避之有時，恬淡虛無，真氣從之，精神內守，病安從來」。需要調和心情，守內庭，調養好呼吸、調養好真氣，又怎會生病呢。因此，內外都需要處理，「志閒而少慾，心安而示懼，形勞而不倦，氣從以順」，意即是不要甚麼都害怕，也不要讓身體太疲倦，但不能不活動。「故美其食，任其服，樂其俗，高下不相慕，其民故曰樸」，原因是和飲食、穿著有關，凡事不要太偏激，因會影響情緒。古代中醫說性慾同慾望都牽涉調養的重點，人因而可以延年益壽。重點是如何內守深庭，外對抗自然，順應調和，達至陰陽平衡，延年益壽。心情和食物，只要順應自然，少食多餐便可。

最簡單的養生是從脾胃開始。沒患糖尿病的，身體健康的，可吃早飯，早飯是暖胃和補脾胃。

另一樣食療是麥米粥，麥米可以補氣和中、暖胃和益精，一碗麥米可以加三份之一碗糯米。中醫在古代認為糯米是暖胃和補胃，它的黏利劑可以留在胃中久些，令人感到胃部舒服。中醫古代有良方叫甘麥大棗湯，是用麥米做主藥，功效是令人心情開朗和情緒安定，

也專治臟燥和內臟燥熱。每一至兩星期吃一次麥米粥，加些糯米或白米，煮爛或前一晚煮好，喜歡甜的放些南棗、紅棗、冰糖或片糖，喜歡鹹的，可放瘦肉，暖胃和補胃。

痛症

至於痛症，每個人對痛的定義和感覺都不同。生、老、病、死的過程中，痛是令人覺得最辛苦、最慘的，但每個人對痛的評分都不同。對於痛症，中醫形容是「痛則不通，通則不痛」，即是有東西阻塞便會痛。痛可以分實症、虛症和虛實夾雜。所謂「不通則痛，不榮則痛」，不榮是血氣不通，這和不夠營養都會導致痛症。中醫謂「直為經橫為絡」，以經脈絡脈走遍全身而令氣血暢運，要是邪氣阻塞經絡，妨礙氣血運行，氣血運行因而受阻，便會痛。身體虛弱，長期勞損令氣血不足，筋脈肌肉失去濡養，也會痛。

中醫對筋和筋傷的定義很廣闊，肌肉、韌帶、骨膜和軟組織都稱為筋，筋傷即是軟組織損傷。歷節痛即關節變形的痛；鶴膝風即膝蓋比大髀還要粗大，因風濕關節炎令膝蓋退化；鼓槌風即手指關節腫大，中醫認為除了外傷外，血之流動是很重要的。

中醫認為風、寒、濕、熱都會導致血液不暢運，亦會令肌肉痿、麻、脹、痺、痛、僵硬、腫大、變形和刺痛。其實這些關節發病每每與氣候和濕度都有關，天氣好，患者會感到舒服些，濕度高會較辛苦，氣壓改變時，病性又會改變。大自然的氣候會影響關節，工作或

活動時會增加或減少壓力，所以中醫認為治未病之重要性。所謂「邪之所湊，其氣必虛」，身體氣血暢運好便病痛少。所以多做深層次呼吸、微微帶氧運動和伸展活動，關節便不容易僵硬，也不用辛苦了。

外因如潮濕的地方和天天睡在地上，以及現在睡在窗台上，也是有影響的。久居濕熱之地，既潮濕又熱，如樹底下、山邊、山洞等都是不好，也容易生病。

勞逸不當即是虛勞過度，久病必虛，飲食失節是因多吃厚膩或酒熱魚腥之物，以至脾運失健，因為脾是主肌肉四肢。

中醫古代有不少病症，風邪會導致「行痺」，即一吹風便感到身體各部位痺，長者都知道吹風會腳痺和關節痛。「行痺」是遇風便會痛、痺和脹，也會如水腫般脹大。香港天氣濕度高，一個人走路多和飲食不節制，容易肥胖腫脹，整條腿很脹，會像靜脈曲張的感覺。

熱痺是紅腫灼熱痛，例如類風濕性關節炎很多時會有痛風，腫脹時也會影響到頭痛。中醫認為「痺症日久，久病必虛」。身體某個部位或傷患不好好處理和醫理，中醫認為是久病必虛。中醫形容為「血不榮筋」，因為風寒濕熱痺而導致筋脈失濡養，慢慢轉差。很多坐骨神經痛的患者腳趾麻痺乏力，容易有灰甲，是因為局部神經筋脈失去濡養。痛症的神經就像一棵樹，一定是由最遠下落至中間。古代中醫形容大自然和人一樣，遠端末梢神經伸延至遠的部位，以最大力度抽取營養過去。因此，患坐骨神經痛腳痺的人，腳趾頭最難受。

中醫補肝益腎和健脾通絡的辦法是處方「獨活寄生湯」和吃「獨活寄生丸」。其實獨活寄生湯是改變自中醫古代八珍湯；其中有「獨活」就專走下肢，「寄生」是補肝腎，「秦芁」可祛濕，「防風」也是祛濕和抵抗外來風邪。「細辛」可溫經通絡，「川芎」善走上肢和頭，也可走遍全身的血。「當歸」補氣血，「生地」則涼血補血，「白芍」是養肝柔肝，「肉桂」暖胃溫經通絡，「茯苓」健脾祛濕，「杜仲」補腰腎，「人參」補血益氣和提氣，而「甘草」是用以調和諸藥。

肩周炎

至於肩周炎，中醫古代謂睡覺時有風穿入肩關節部位，是為「漏肩風」。一個人如果皮膚黃，常常因為血氣差而致毛孔張開；其實毛孔有助對抗溫度和溫差，但失調時會影響身體對溫差的平衡。這是中醫古代的智慧，形容風入了肩關節。為甚麼叫五十肩呢？因為很多年約五十歲的人可以無緣無故患上肩周炎。中醫古代認為腎氣不足，因為腎主骨頭、肝主筋，影響血不榮筋，因為骨頭差，風寒濕邪便侵襲到這部位，變成痺症。

肩周炎患者在臨床檢查時肩部每每出現上舉、外展、後伸後傳功能障礙。但如果病人患有頸椎病，第四和第五條神經線影響到頸椎骨退化，亦不能舉高手，但在別人幫忙下非主動活動時便可以上舉，則未必是肩周炎，可能是頸椎病誘發的肩周炎。

肩關節構造很特別，由四個關節組成，肌肉多而韌帶少。我們的手能夠外展是靠三角肌，能夠上舉是靠三角肌和提肩夾肌，即提起肩夾骨的肌肉。

一個人年紀大了，肌肉會收縮，千萬不要隨便做突如其來的擺動動作，否則韌帶很容易折斷。肩部只得四條主要韌帶，韌帶少而肌肉多，是完全靠肌肉支撐；所以宜輕不宜重，宜慢不宜快。可以做些運動如蝤子爬牆，或以毛巾慢慢擦背，可以預防肩周炎，但動作要慢點才能保護關節。

肩部的神經主要由頸椎影響，多轉動頸部和做舉手動作有助預防肩周炎。

頸椎病會導致手麻痺，甚至不能舉高手。要仔細研究神經作鑑別診斷。現在中醫已經革新和系統化，中西醫結合是取長補短，可分析成因和尋找解決辦法。

至於成年人的頭顱骨，雖然腦囪已完全成長，但也要好好保護頸椎的生理弧度（C curve）。側睡的時候，頸椎和胸椎成水平線，所以需要厚些的枕頭；但每個人的膊頭橫度和闊窄都不同，需要自己調教。仰睡的時候，頸部應向前微彎才能承托頸椎的凹位，要保持這部位的生理弧度，才能保護頸椎。購買枕頭時需要試清楚，重點是頸部而不是頭部，需要承托頸椎骨。

腰腿痛

腰痛與生活習慣和姿勢有關係，臀部的坐骨結節是讓我們可以四平八穩地坐，靠住椅背或離開椅背都對脊骨好，但椅子太高或太低都不舒服。所以椅子、床褥和枕頭都需要細心選擇。

至於腰腿痛成因，腰的神經是伸延至腳，腰痛與腳痛常連在一起，脊骨間有椎間盤，而骨與骨之間的軟墊可用作減壓，骨後面有一個脊髓是由小腦伸延下來的，當脊髓受壓力而壓迫時會有放射性疼痛。椎骨盤隨着年紀漸長會老化、退化，這是定律。由於椎間盤像海綿般吸水和放水，青壯年時身體會較高，年紀大時會較矮。主因是椎盤狹窄症及脊椎骨骨質疏鬆而導致脊髓管導收窄，椎盤變異、變性而影響脊髓，引致放射性疼痛，影響四肢活動。

要改善椎盤狹窄症，訓練下肢，可以多練單腳站立，用腳趾抓緊地下，刺激末梢神經，能練得有力和平衡，也不要過度疲勞。多練單腳站立，如單腳站立感覺痛，可多做仰睡和伸懶腰動作，維持十秒，連續做五至十次。訓練上肢就多舉手，有助改善肩周炎及頸胸椎問題。

腳踝痛

一隻腳踝痛通常是單邊勞損，亦需注意有否長短腳的問題，如兩邊都痛則需注意腰部。足底筋膜發炎是引發腳踝痛的主因，由大姆趾內側的足底筋膜和神經伸延至腳板底，足底跟骨底經常發炎和容易生骨刺也會造成疼痛。簡單的處理方法是用一盆（約八碗）熱水，下一湯匙粗鹽，再放一個高爾夫球，一邊浸腳一邊用腳板底滾動高爾夫球；此方法可紓緩疼痛，再換一對較高的鞋，便可減低腳踝的承托力。

腰肌勞損

有些人因為行山時不停向上斜行，有些人坐姿不佳，常常沒有適當地用臀部的骨結節坐好，容易令到腰肌緊張。其中一個紓緩辦法是仰睡，事先曲腳九十度，慢慢向左右擺動，待一至兩分鐘才入睡。亦可以在睡前十分鐘放一個墊子在腳坳處（小腿後側），睡覺時拿開墊子。曲腳可以讓腰肌減壓，在下腰背先放點熱敷才入睡，也會感覺舒服些。

練武之人都是硬橋硬馬

學功夫的，常常坐下時紮着馬也是不好的，因長時期以同一姿勢工作會增加勞損。可是長期以單一姿勢好嗎？答案都是不好。所以一般正常人睡眠時都是換了過百個姿勢的。

高爾夫球手 / 手肌骨內上髁肌腱炎

如果常常因為打高爾夫球而引致手疼痛，要考慮暫停一陣子，浸熱水可以紓緩一下。長時間運用同一隻手，也較易生骨刺。簡單的紓緩辦法是伸直手，然後拉扯，拉到盡後停十秒，連續做四至五次，停一停，可以減壓；每隻手各冰敷、熱敷五分鐘，連續做二至三次，也會舒服些。

手腕痛

簡單用一個運動黏貼膠紙在腕部之背面，限制腕部活動，有助減少疼痛及有助修復軟組織。

耳鳴

部份耳鳴是與頸椎問題有關，部份是神經性耳鳴，與神經退化有關。古代中醫認為與腎虛有關，因為血不榮筋。耳神經與腎的氣和血脈不通暢有關。如果頸椎病導致耳鳴，往往與頸部供血有關，當頸部疼痛及肌肉放鬆，耳鳴亦會改善。至於神經性耳鳴，是寂靜時聽到長鳴的聲音。吃些合桃和炒栗子有幫助，也可以用十粒炒栗子加一兩製芡實、生薑、陳皮，新鮮合桃和瘦豬肉煲湯，有助補腎和對聽覺有幫助。

「退休的時候好比秋天，是結果，是把一生的經驗看作生命的成長，而這個成長是可以予人分享的，可以享受的，可以繼續跟人做朋友的，還有很多事可以 "Do Good"。」

——羅國輝神父

李樂詩攝影

心靈的快樂與豐足

羅國輝神父

天主教香港教區司鐸
天主教香港教區禮儀委員會主席

「十七、十八…… 九十八到一百」

大家有沒有聽過「十七、十八玩到披頭散髮」？你們試過沒有？「廿七、廿八就好好奮發」。五十年代，我十多歲就要幫爸爸、媽媽維持生計，暑假要做暑期工，平常要替人補習、穿膠花、剪線頭等。很早的時候，爸爸、媽媽就教你要照顧弟妹、要照顧家人。到讀完中學時，就會思索怎樣照顧家庭，讀大學也好，或是投身社會工作也好，要怎樣照顧自己，不用爸爸媽媽操心。我要在何時結婚，更會想退休的年齡，最好六十歲退休，即是說我有很多計劃。

自小已有責任心，知道一代要照顧一代，爸爸、媽媽照顧我，我要照顧弟妹或下一代，所以很早就會思索。暑假時就會想想可以到哪兒賺錢，不用爸爸、媽媽擔心，現時的青少年在暑假時，會攤開手掌跟父母說：「爸媽，暑假給多些錢？」因此，廿七、廿八真的要好好奮發。

你們知道三十七、三十八是甚麼嗎？見錢就挖。大家想想在那個時代，三十七、三十八歲時結了婚，有一、兩個子女，那時甚麼工作都會做。你們有做過家務助理、幫人看顧小孩的，請舉手。有沒有男士一天做兩份工作的，請舉手，或是每天工作十多個小時的，請舉手。大家都試過，可見是「三十七、三十八見錢就挖」。

「四十七、四十八意氣風發」，甚麼是意氣風發？四十七、四十八歲應是人生的一個高峰，做甚麼也是頂峰，體力雖然開始下降，四十歲開始就走下坡，但是四十七、四十八歲時你仍是很精靈，仍可以有魄力。

「五十七、五十八有鞋都沒有人幫你擦」，你知道為甚麼嗎？你都快要退休，誰會來巴結你呢？「六十七、六十八執定行李隨時出發」，做甚麼呢？回家鄉？不是，是去旅行，四處旅遊，那時仍有體力和金錢。「七十七、七十八準備人間蒸發」，八十八要經常「八」，這對老年人是很好的，因為老年人真的需要跟人傾談、分享。九十八又怎樣？那就等到一百。我有一張東西讓大家看看，這東西很特別，我把這張東西變成「人生的彩虹」。

人生的彩虹

一個人的發展有三個層面，這三個層面有理智、感情、意志。理智是了解事情、分辨、思考、明白甚麼是對甚麼是錯，然後控制自己的能力。感情很重要，喜、怒、哀、樂，心裏的感動、愛、恨、懼怕。意志是人有目標，能夠堅持到底，克服困難的過程，就是意志。

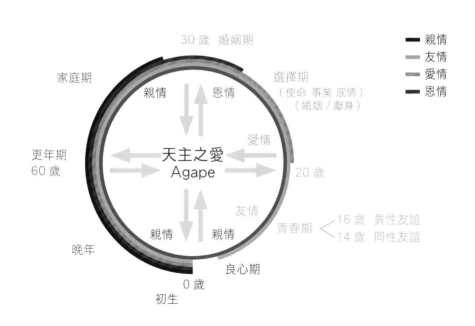

男士有多些理智，女士多些感情。男士需要感情的成長嗎？他是要學習的，學習太太不是囉嗦，而是關心自己，接納她的關心，體諒她，太太開心，丈夫也會開心。太太需要學理智嗎？需要的。她要知道如果丈夫是個理智的人，就不要想囉嗦他、想管制他、想控制他，當你明白這點後就不這樣做了；所以人的成熟是要理智、感情和意志，不是只有一樣便可。

人的身體成長、心理成長，靈性也要成長，男女大不同的。女性生理的成長跟男性完全不同，每個月女士有一次不想理睬你，她有月經，她身體的結構令到她需要休息，她連情緒也有波動，她很想安靜下來，她要有一個時間讓她慢慢地調整自己。

男士又怎樣？男士是另一個世界，他很重視官能刺激，例如他看到畫報、看到模特兒，他就會有生理反應，所以男士是用性去思想的。

人的情感方面，男性是理性、自律、進取、是非清楚、果斷、客觀、分析，男士是這樣的話，他就需要補充關心、體貼、細心、照顧、接納、包容，因為他看到樹林，就看不到一棵樹，他只看大綱，這是男性的特質。

女性剛好相反，因為她們由感性出發；所以她會體諒，她會包容、寬恕、接納、微觀、直覺。直覺是最簡單的，女士是憑直覺的。

性別的分別外，還有腦、心和肚。舉例說，我問：「那位小姐為甚麼要離開房間？」你的反應是甚麼？馬上回頭望望她，那是肚的反應，那是直覺，即是實話實說，立即有所行動的。有些人立即替她找理由，認為她只是往洗手間，這是腦的反應，給一個答案、找尋答案。有些有心的反應，會猜想她是否身體不適，這是同情共感，從感受出發。

人的成長需要信仰，信仰是很重要的。人需要那種靈性、家人、良師益友，還有男女互動，因為男士要在女士身上學做男人，女士要在男士身上學做女人。懂得無求地跟人做朋友，無動機地做朋友，在做朋友的過程中學了解人，學關心人，學體諒人，學支持人，學想別人好。懂得跟人做朋友，就不想傷害他，不想他受苦、不想他受害，這才是真正的朋友。

生命的成長

一個人的成長在一出生就開始，經過嬰孩期的良心，即是親情的發展，嬰兒的出生學到怎樣跟人相處，是從爸爸、媽媽身上學，特別是媽媽的身上，那是親情期；稍為長大後，就到了良心期，因為他跟同學相處時，會懂得怎樣是對，怎樣是錯，所以有一個良心期，漸漸在友情的發展中，親情加上友情。

　　慢慢到了二十歲多，開始進入愛情期。在這愛情期，其實他們是有壓力的，有兩種壓力，一種是將來前途的壓力，第二種是感情的壓力。

　　到快將三十歲時，是一個婚姻期，我稱這個婚姻期為恩情期，一夜夫妻百夜恩，是恩情期。結婚之後開始有子女，又會把人生的彩虹添加了，就是親情期又再出現。

　　到了更年期，老實說更年期是春夏秋冬中一個很重要的時期，為甚麼呢？因為春天是學習，要好好充實自己；夏天是三十歲之後，你要好好建立家庭、造福社會；到了六十歲應該退休的時候是秋天，是結果實的時期，有最好的人生經驗，有最好的智慧，要交棒給別人，長江後浪接前浪，世上新人繼舊人。退休人士要把你們的好經驗告訴第二代，婚姻成功的例子是怎樣的，告訴他們；做人成功的例子在哪裏，告訴他們；人生由親情到友情，友情到恩情，恩情又再有親情，這是彩虹來的，我要把我彩虹的美景用來幫其他人。就算是失敗的經驗，我也要告訴別人。

　　大家可以把自己的失敗經驗跟人分享，在我服務的堂區，有時長者跟青少年分享，我不介意一定要正面，負面也可以。有一對夫婦跟年青人說：「我們錯過了很多，你們不要再錯，我們太早結婚，當時十八歲就結婚，我們過得很辛苦。當然天主保祐，我們互相適應對方，適應得很辛苦；所以我覺得十八歲的時候不要想結婚的事，應該要想前途，應該

要想讀書，應該要想好怎樣建立你的人生，多謝天主，我們沒有離婚。」可見，好的可以說，不好的也可以說。有一個已離婚的男士跟年青人傾談，他說他錯過，他不懂得愛他的太太，回想起來他辜負了她，然後他列舉了些例子，那些例子可以讓青年人學習。因此，我們不要只看我們結的果，不一定要正面的，其實反面也是正面的。

秋天是美景

來到六十歲，秋天是好的，是結果，是交棒。你會問為甚麼我不說冬天，冬天很重要，冬其實是在秋天的結尾。這時需要信仰，知道人一生是這樣過，接納這個世界，接納我的生命有終結，接納天主愛我，我知道一生人天主這樣愛我，到時候我就不會害怕。秋天是美景，是結果，是把我一生這樣多的經驗看作是我生命的成長。而這個成長是可以跟人分享的，可以享受的，可以繼續跟人做朋友，還有很多事可以 do good，可以 look good、feel good。大家可以開婚姻講座、教子女講座，或者是以身作證，很多事可以對年青人做；你們又可以陪伴老年人，探訪安老院。

保持青春及跟人做朋友

　　退休人士保持青春是很重要的，要懂得跟人做朋友。小孩子最喜歡跟人做朋友。因為你結婚後、生活的壓力，讓你漸漸少了這技能。你要在這個時間重拾這些技能，就要跟人交朋友，多些跟人做朋友。我媽媽學很多東西，她經常跟我們說好的事物她記得，不好的事物她也記得，不過不是好或是不好，好的事物會有比它更好的事物，以前不好的事物現時會成為好，只需要享受今天。她今年八十三歲，每一天我致電給她，她都是很開心的。她有一次跟我說，她每天都是賺回來的，所以她每天一張開眼就多謝天主，再想想今天應跟誰「八」，不能外出就用電話「八」，「八」完一個到另一個，她「八」完就睡覺，睡醒又再「八」過。她有很多朋友，那一次東大街選舉，有些人買票，送老年人往吃齋，她跟幾個老年人說這樣是行賄他們，認為這樣不行，於是在麥當奴開會，指出不可以這樣的；結果一傳十，十傳百，傳遍整條街，最終那個人輸了。做朋友很重要的是把自己的過往變成自己欣賞的，欣賞自己之餘，也把自己的經驗告訴別人。

為自己爭取福利

　　其實退休人士也可以自己爭取福利，不要由年青人替我們爭取，應該爭取秋天福利、冬天福利。我恨不得有些家長跟子女說：「爸爸、媽媽養育你到今天，你要成家立室，你

今年二十六歲，還有四年爸爸、媽媽陪伴着你，你三十歲那年，爸爸、媽媽就會入住安老院，你不用擔心父母，最重要來探望我，有空時帶我外出，你不用理會我們，我們就在安老院安享我們的冬天。」你估計子女會開心嗎？子女開心，你自己又接受到這件事。例如上水聖約瑟安老院讓你吃最好的東西，住在最好的地方，那兒打掃乾淨，窗明几潔，還有綠野田原，我們要爭取圓滿人生的晚境。外國則會有一幢很美麗的大廈，裏面有不同的單位，有些是秋天夫婦的單位，很好享受的，你可以自己煮飯，到你年老至不能自行煮食，有家居服務提供，年紀再老些有醫療服務。如果其中一位走了，它又有單人套房，可以繼續照顧你。香港可以做到嗎？問題是有沒有人去爭取，你們 Do Good，你們要去爭取，你們可以達成很多事的，你們要爭取「圓滿人生」的基建工程。

李樂詩攝影

「我們要肯定自己的《好》、別人的《好》，要自己的《好》浮出來，希望別人的《好》也浮出來，這樣就大家都好，發現生命可以是這麼的豐盛。」

——鄭生來神父

心靈的快樂與豐足

鄭生來神父
香港天主教教區神父
天主教「綠識傳人」主席

年老時的回憶

我們在生活中有做得好的事，也有做得不好的事。到年老時回憶起來，如果較着重那些不好的事情，你的老年會是一個不開心的老年；但如果你回想一些好的事情，你老年的時間會顯得開朗些、開心些。年老時會有很多的回憶，令自己不服氣的事情更易湧現出來，假若集中在不服氣那方面，你就會因而煩躁起來，經常對任何事都感到不滿意，只懂得埋怨，那就會很不開心。

多想些好的事，如果不好的事可以加以改變，就現在作出改變；若已經發生和不可改變，可能連想道歉也不能、想把事重新做好也不可以，那麼就要放下那些不好的事情。

退休後，放下你的工作，有新的生命，更重要的是放下一些不開心的事。除非那些不開心的事情可以幫助你明白事理，或者可幫助你藉此給人講解事理。若是給那些不好的事情困擾着自己，令到自己不開心，那就要放下。無論在開心、不開心環境下，都可以令自己開心。你要留意發生在自己身上好的事情，留意自己以前好的方面，留意周圍好的事情，不要集中在不好的事情上。我們要 feel good，又要 do good，要強調好的方面。

從子女出生開始，就要把愛種植在子女的心靈內；現代社會中，年青的父母很忙，可能沒有時間去回答兒女的問題和擁抱他們，所以可能需要由老年人把愛種植在孫兒身上。怎樣種植呢？那就是愛惜他們。從小種植愛，愛就會深一些。當你們成為爺爺、嫲嫲、公公、婆婆時，大家其中一個任務就是種植愛在孫兒的心內。

心靈深處的「好」

有一個信念是很重要的，是每個人的心靈深處是好的。如果你為人有些壞，不完全是個好人，那麼心靈深處的「好」也是一樣的「好」。我們應有一種看法，所謂的壞事只是在表面或中間，「好」卻是在最深處，壞事是不可以消滅心靈深處的「好」，可以遮蓋、可以埋沒、可以令人看不見和感覺不到，但是「好」仍然存在的。

教育是引發「好、愛、潛質」浮現出來

要「好」浮出來，教育最重要的不是知識，而是發揮潛質，引導潛質出來，而當中最重要的潛質就是引發「愛」出來。

現時有多少間學校有時間做這件事呢？但這是教育的基本特質和目的，看看英文 education 這個字，這個字是從拉丁文得來的，拉丁文 educate 的動詞是 "educare"，當中的 "e" 就是 "exit"，表示「出去」；"ducare" 的意思是「帶着、拖引着」，因此 "educare" 的意思是「帶着他的東西出來、引發他的東西出來」，即引發他的「好」出來，引發他的愛出來，引發他的潛質出來，這就是教育。

我們如果要引發別人的「好」出來，就要先知道那人喜歡甚麼，甚麼東西會令他發笑，甚麼東西會令他開心，你就引發他的開心出來。而你也要認識自己，知道自己喜歡甚麼，來幫助自己開心、幫自己「好」。

如果你很了解你的丈夫或太太，知道對方喜歡甚麼，即懂得怎樣使對方開心；你不應該利用對方喜歡的東西來擺佈他，而應是拿來令對方開心、令對方變好，那是深化彼此之間的相愛和關係。不是為了欺騙或支配，而是引發內在的「好」出來，引發笑容，令雙方都開心。

我們要肯定這個「好」，大家回看自己，都會喜歡自己是好的，即使是個有些壞的人，也會喜歡別人覺得你是好的。我想大家做少少事，大家要肯定自己的「好」，想七次的「好」，怎樣做呢？我們用拍手的方式，現在我示範一次給大家看：「一、二、三、四、五、六、七，好、好、好、好、好、好、好。」大家一起試試吧。大家好像不是太肯定，可以大聲唸，肯定地拍手，再試一次。我們要肯定自己的「好」、別人的「好」，要自己的「好」浮出來，希望別人的「好」也浮出來，這樣就大家都好，發現生命可以是這麼的豐盛。

宇宙的「好」

我們也要懂得去看宇宙的好，這個很簡單，你偶爾望一望天空，天色美好，你也會感到開心的。但不只這樣，你望向天，你的心會覺得舒服，天空令你的心舒服，只是望向天，不用做太多事情。當你最煩躁或最不開心的時候，試試望向天，就會舒服起來；但如果你的心很灰，天色灰暗時就暫不要去望天，灰加灰就不是太好了。

你也可望向海，心也會因而變得廣闊，如果你覺得自己心胸狹窄，以及已經習慣了心胸狹窄，人人都說你心胸狹窄，你不用做太多事情，因你改變不到自己的了。怎樣可以令自己變成心胸廣闊？你可望闊一些、望遠一些，望望天、望望海、望風景，這樣可以把你

從心胸狹窄中帶出你的「好」。你要認識甚麼可以幫助自己，要幫助自己又快又容易的，自然環境是最好的。因此，你要看到宇宙的「好」，人內在的「好」，從而知曉怎樣可幫到自己的「好」浮出來。

童心

我們要有童心，不要自以為甚麼都懂。年紀大了，充當甚麼事物都懂，你就會變得狹窄。當你自以為比別人優勝，你就變得狹窄，這樣就不能釋放出來，反而是會把自己關閉起來，所以要開放自己。你要像小孩那樣有童心，像返老還童一般，當中有負面和正面的，負面的是你不負責任，總是要這樣要那樣；但另一方面就是那童心可以令你對事物感到驚訝，從中學習，以及學習聽別人的話，這樣會令你變得年青一點。

每個人都有童心，你喜歡玩，就是童心；你笑，也是童心；你不肯笑又是童心的另一面。大家要笑出來，以回復你的童心，然後這童心會令你有創意；你可胡亂創作，你創作的東西可能得不到別人的欣賞，但是你有創作力。剛才大家一起拍手掌，都感到開心，我們創作了一個開心的氣氛，要一起做才可感到開心的。如果我獨自拍手，可能有些人會笑，但大家一起拍手，而且是肯定地拍手，就創造了一個開心的氣氛，而拍手正是一種童心，是

在玩樂的。如果你完全不喜歡玩，就要小心，你要重新學習玩，學習別人說笑話你要懂得笑。別人說笑話你不懂得笑，還覺得別人無聊、浪費氣力，你自己要反思一下，否則只在害自己，你要開放自己出來。

管教

父母教育子女，很多時候我們會說「管教」。你上班時，很多時候會說「管理」，上司管理你，你管理下屬，這樣就會養成壞習慣，那就是去管，以及被管和受管。上司與你的關係，你與下屬的關係，你與子女的關係，「管」變成了重心，不是以愛為重心。我們要留意教育不是管教，教育是剛才所說引發「好」出來，引發愛出來，引發開心出來。退休就要放下管治，要變回一個人。

年老時，變了好像是子女倒過來管你，是因為覺得你沒用、身體又轉差、又要供養你，好像愈老就愈沒用。若要引發內在的「好」出來，年老時就要留意自己學到的事物，不單只是知識，而是智慧。年老不要變成沒用，而是要反省自己，知道自己在經驗中怎樣成長。這些經驗累積了智慧，要找尋自己累積的智慧。若然只顧繼續去管別人，那只是外在的事物罷了。你要找回自己的智慧，子女雖然已成長，但在你來說仍是孩子，他們仍沒有這些智慧，你可能幫得到他們的東西很少，但是你少少的智慧也是智慧。

多留意好的事物，從中可找到智慧；在不好的事物中尋找出好的方面，利用不好的事物來建設一些好的事物，這樣就可找到智慧，這不只是知識，是怎樣做人處事。

假若愈老愈愛指責別人和發脾氣，習慣成自然，那麼只會令全家人都怕了你。如自己不知不覺變成了這樣子，就要馬上改善。改善後應怎樣做？集中在好的事物。你時常感到煩躁，是因為你集中在不好的事物上，你要把自己釋放出來。

「壞小孩」

另外，要跟自己說「不」，每當自己過分負面時，就跟自己說「不好」。若不經意地做了負面的事，就跟自己說「這次算了」。做人當然會有些不好的事，如別人做錯了事，你罵了別人，說他不好，最好罵了一次就作罷；但是有時你不服氣，無論如何都會多罵一次，那就算勉強；若回想起來仍是不服氣，還是要再多罵一次，就要限制自己，跟自己說：「最多只可罵三次。」當你仍想罵第四次時，就一定要克制自己不可這樣做，這樣你就可得到改善。因為假若你發惡時不加以克制，就會放縱自己，成為一個「壞小孩」。

惡的老年人是一個「壞小孩」，即是說有脾氣就是小孩，無論是好脾氣還是壞脾氣，分別只是一個正面的小孩或反面的小孩。

種植愛的智慧

老年人其中的特質，就是孫兒很多時都會記起爺爺、婆婆等。最重要的事，愛惜孫兒、讓他們開心、陪伴他們，種植愛在他們的心靈內。心靈內已有「好」，你再去種植愛，在獨特的環境和經驗下，讓「好」再加深；所以用「種」這個字，這就是愛的智慧。

假如與人的關係不太好，我們便要重建關係。我們說愛其中一樣就是要祝福，祝福會令心靈更豐盛、開心和美麗。祝福和詛咒中選哪一樣？如果我們有智慧，就會選祝福，經常想着祝福的話，你會開心些，別人也會隨之開心些。我們一起學習欣賞、珍惜、尊重、接受滋養、感恩、愛護、彼此祝福。我們要學習安慰、支持、鼓勵、珍惜生命。

鍛鍊五官、做好最寶貴的每一刻

我們年老後，要鍛鍊五官：望向天、聞一聞東西、聽不同事物、要有味覺，吃東西時要嚐清楚，要五官敏銳。我們鍛鍊五官時，是在學習欣賞，欣賞食物、欣賞天。

想到死亡時，如果正面去想死亡，就可帶你去重視每一刻。你會想到自己沒有多少年壽命，甚麼都會隨之失去，不要經常這樣想，反而要倒過來想，正正因為自己快將死去，剩下來的這段光陰就是最寶貴的，我們要珍惜每一刻，然後做好每一刻，令每一刻都是好的。

李樂詩攝影

「退休之後，人生自然逐漸步向生命的終結。面對這個衝擊，退休人士需要學習接受及為為自己人生的末段作出準備。認識『晚情照顧』（善寧會註譯 End of Life Care）是十分重要的。」

——陳丘敏如／鄭捷欣／馮比蒂

李樂詩攝影

生命的終結

中國人罵人時會說「你小心最尾的兩年」。其實「晚晴照顧」（善寧會註譯End of Life Care）就是指生命最後的兩年。

死亡主要分三大類：例如心臟病發，突然死亡；或是一些惡化衰退的病患，醫生說已進入晚期，如癌症、腦退化症、柏金遜病，已看到生命之末段（terminal phase），身體逐漸走下坡。這類病況從醫學上比較容易預告死亡。另外，最常見一些老年人，有很多病痛，靠吃藥來維持。看見他們健康突然變差，需要入醫院，卻很可能會轉好又出院。如是者時好時壞，其實他每一次都漸漸走下坡。直至最後有一次，你不知道他已經不行了，轉頭已見不到了！

晚晴照顧

馮比蒂（圖右）
註冊社工、「善寧會」前社區教育主任

鄭捷欣（圖中）
註冊社工、「善寧會」前署理教育項目發展經理

陳丘敏如（圖左）
註冊護士、「善寧會」前發展總監

紓緩治療

我們何時介入晚晴照顧？從前，人們去求診，醫生向他們說：「已經不能醫，你回家吧！」病人會想為甚麼昨日可醫，現在不可以呢？希望失去了，很難接受。所以近年我們着重循序漸進，不只為末期病人提倡紓緩治療；任何病人身體不舒服患重病，已經可介入。其實到了末期，紓緩治療都可以繼續做，例如有些病人也繼續做放射治療或化療來幫助減低身體不適及徵狀的控制。不是要治癒，而是令病人舒服，這也是一個治療目標。

「好死」

有一句咒罵人的俗語「不得好死！」究竟甚麼是好死？每個人也有自己的想法。「好死」其實是很重要的，五福臨門的其中一個福是善終。

現在節錄「善寧會」生死教育的視像教材一個片段，題目是「口頭禪」。（參考：「善寧會」《視像教材第一輯：生死教育》小冊子及光碟）

以下是該段視像教材的對白：

爸爸：開壺龍井

媽媽：龍井是綠茶，咁寒涼，飲死你呀！

兒子：媽咪，我要吃叉燒包

媽媽：叉燒包，好多色素，食死你呀！

爸爸：我想食油菜

媽媽：$30 一碟油菜，貴到死！

兒子：媽咪，好嘢，我有得食馬拉糕

媽媽：食得咁快，哽死你！

兒子：媽咪，俾 5 元我買《海虎》

媽媽：《海虎》教壞細路仔，害死你，唔好睇！

爸爸：唔記得買馬

媽媽：吓，你死啦你！

亦曾經有調查指出，香港人每日言談間，起碼「死」七次！

退休人士對平和離世及「好死」的意見各自有表達，現在綜合列出來。

大致上大家都不懼怕死亡，只是要死好一點。就算病痛，也要「走快些」，不要拖累別人。有人希望睡夢中死去，無痛苦；有人想伴侶先死，不要牽掛；也有人心態不同，要時間作準備，跟家人有所交代，要講聲再見，好等他們安心，如突然死亡，最痛苦的將是家人。也有人要將身後事寫好，放在一處地方及告知家人。有人說死時要無牽無掛，及不要病到沒有尊嚴才死去。死要有尊嚴，準備好，隨時去也無憾。

「善寧會」也做過「好死」調查，訪問了 700 多位長者。大部份老人家表示其實他們不是怕死，只是怕死得很慘，很長及很痛。所以他們怎樣可以幫助自己不用那般辛苦是很重要的。社會上也有謬誤，死是否一定很痛苦呢？就如一些電視劇所表現的那種辛苦及喘不過氣呢？真正面對臨終時，病人通常是睡覺，在昏迷情況下離開，不會像電視劇般辛苦。而且現今醫藥進步，可以有效地處理身體上的痛楚。不過如果有很多牽掛，心靈上的牽掛有時比肉體的痛楚更辛苦。

善終服務 Hospice Care

Cicely Saunders 是世界善終服務始創人。她頗為傳奇，原本是一個護士，因弄傷背骨，便轉為做社工，期間與病人有深入交往。一個病人跟她說，請她一定要為其他病人做點事，

並留下一筆錢讓她的工作得以延續。她卻認為無論是護士或社工之職位，均難推動服務，於是她回到校園，學醫成為醫生，接着做了很多有關處理痛症的研究。她說有三樣東西是臨終的人所需要的：

（一）幫助他：處理他身體不適的地方；（二）聆聽他：讓他作主，讓他自由表達內心的感想。（三）不要離棄他：因為面對死亡是十分孤單的感覺，作為伴行者的角色，留守在他的身旁是重要的，病人總是希望「讓我看見你」。世界各地，包括香港，都有善終服務。

善終服務的信念

善終服務的信念是甚麼？死亡是一個大自然的定律，有生就有死，正如有花開就有花謝。我們不主張安樂死；因為那是用人為方法提早完結病人性命；亦不主張刻意去延長病人的死亡過程。我們相信生命有價值；從上天而來，不論你有錢與否，地位如何，每個人都有與生俱來的尊嚴。我們重視個人價值；臨終者覺得重要的東西及他需要的東西，就盡力為他處理，並不是由我們主觀地去判斷他的需要。我們注重生活質素；活到直至最後一刻，如何令臨終者生活質素提升，這是善終服務重要的一環。我們信念的核心是全人關懷；涵蓋身、心、社、靈各方面的關顧，關顧裏面亦包括照顧臨終者身邊的人。遇有情況，問

病人，他會要求你照顧他的家人；問家人，他們又要求你照料病人。做到「生死兩相安」是重要的考慮。我們又相信面對死亡是一個正面的體驗；對病人及家人同樣是一個成長的空間及蛻變的經歷。有時遇到病人身體很差，也還懂得安排身後事及勇敢面對自己的病，這對身邊人及家人也是重要的學習。

探訪長者談晚晴

退休人士參加 3G 課程，有 "Do Good" 實習部份，學做「輔工」探訪長者。要談面對晚晴，應當如何處理呢？有很重要的一點跟各位分享。首先，探訪的是陌生人，如何開口？就以平等的身份，以結交朋友的平台去傾談。千萬不要以為我來做義工，我來探你，我就是來幫你，我是來給你東西。不要讓他覺得你是特地來探訪他這個老人家，你做義工是來幫他嗎？長者會覺得自己沒有這個需要。退休人士以前的事業光環已經沒有了，也許以前你在機構的高層工作，但現在已不是，只是平常人。如果你有機會結識長者，以大家交個朋友的心態，從他們身上學習，到將來活到他們那個年紀，也懂得如何照顧自己。讓他們也分享一生的故事，他們的過往也許很顯赫，還比你「威水」得多；只不過隨着年紀越長，過去的事情都變淡了而矣，這是退休人士一個很大的學習機會。另外要有同理心、同感心，也是很重要的。很多長者沒有大病，只是身體弱，或行動不便，講話不大聲，皮膚有問題等。可以嘗試感受他們的問題，以朋友相待，例如不要問他「為何你這麼久也不

洗面？」如果是坐輪椅的，不要站着跟他說話。多探訪幾次熟絡之後，得到信任，他們會願意跟你分享。有些老人家很慘，兒女不在身邊，卻仍有很多未了心事，想去做和想講出來。每一次去探訪，因為不知他們會活多久，所以就盡力表達愛心及給他們關懷。

每個人也知道會死亡，但每人都不一樣，有不同的目標、希望及需要，每個人也有自己的方式去面對。作為「輔工」及伴行者，幫他們整理事情，聆聽是最重要的。

「慶賀人生每一天」之「自主晚晴心願」是善寧會一項生死教育活動，去與長者面對面談如何預備死亡，為生命做好準備，不忌諱去講生死安排。

預設醫療指示（Advance Directives）

1970 年代在美國，有一個很轟動的個案，一位 30 多歲女士因撞車及心臟病，治療之後成為植物人，要靠呼吸機、插胃喉以維持生命。過了十多年情況依舊，家人便要求申請拔去維持生命的治療，但院方不准許。後來通過法庭上訴解決，最終法庭判決末期病人是可以拒絕接受維持生命的治療。由此衍生出「預設醫療指示」。

到臨終，醫院是必定要救病人的。醫療科技進步，可以用心臟起搏器，呼吸機等。如果病人想自然的離世，可以預先填寫指示。在法律上，我們有權決定接受治療與否，就算

在失去自決能力的時候，在法律上只要我在昏迷之前決定了，便已生效。香港是依據普通法執行此安排，並沒有為此特別立法。就如醫生要為病人做手術，也要病人同意才可執行。很多國家有立法，醫護人員會主動問病人有沒有寫下「預設醫療指示」。

有一個 2000 年後的個案，一位美國女士 Ms Terri Schiavo 在醫院十多年，存活於植物人狀況。丈夫說太太之前說過如果自己變成植物人就不必插喉；母親卻覺得女兒一定要插喉，因為她是靠插胃喉維持生命。兩人訴之於法庭，多番審訊；如是者，又插喉、又拔除喉管多次。這案件一夜之間使到為數一百多萬的美國人立即上網下載「預設醫療指示」表格填寫。希望香港不需要這樣才可以推動「預設醫療指示」。面對臨終卻要遇上這個情況，可以說是沒有甚麼尊嚴。所以，在香港，「善寧會」致力推廣生死教育工作，去與老人家傾談，讓老人家也有所準備。

「自主晚晴心願」

除了文件之外，還希望要多點討論，身、心、社、靈、各方面。在「自主晚晴心願」項目中，溝通至為重要。其中包括三方面的人：自己、親人及醫護人員。自己的意願最好是用文字記下來，在失去自決能力時能生效。每有家人面對生死，處於救或不救的情況，就很難作出決定，因為會有內疚感。所以最好還是自己提早把意願記下，根據自決去執行。

另外有些人士必需着實考慮也這樣做，包括末期病患者，或是較大機會面對腦部受創的人士，如乘車、駕車也不戴安全帶的人，或是職業高危人士。「預設醫療指示」與安樂死並不相同，安樂死是用人工方法，刻意提早結束病人的生命，而「預設醫療指示」是由病人預早表達自己臨終時的照顧，依照病人意願去決定不接受或終止無效用的治療，不希望刻意延長死亡過程，並容許自然死去。

　　「預設醫療指示」表格刊於「善寧會」的小冊子，也可以在「善寧會」或法律改革委員會網站下載，如果要在醫療體系裏要求取得這個表格，也有提供的。

　　最後要考慮浪費資源的問題。因為保持儀器、床位、醫護人員的投資等，也該從理性角度去探討。

　　退休人士要認真思考一下，為自己及家人作準備，考慮採用「預設醫療指示」。如果自己一早已簽了「讓我安然離去。Let me die in peace.」，才算真正圓滿人生。

＊ 相關晚晴心願的資料可參考《慶賀人生每一天之自主晚晴心願：紀錄冊》、《「善寧會」視像教材第四輯：慶賀人生每一天之自主晚晴心願》小冊子及內附光碟，資料可向「善寧會」免費索取。

李樂詩攝影

我們尊重病人意願，但有時我們和病人各有不同看法，
又病人和家人也有不同意見，
病人清醒時當然可以表達他的意願，
若不清醒又如何表達呢？

——沈茂光醫生

紓緩醫學

紓緩醫學又稱寧養服務或善終服務，是照顧瀕死、甚至臨終的病人，其中以癌症病人較多，英文叫 hospice。最早是19世紀，在愛爾蘭都柏林，由天主教修女在院舍照顧臨終病人，主要是肺癆患者。之後到一九六七年，由於醫學昌明，病人臨終時即使未必需要，仍可能被插上各種醫療儀器。這時候倫敦開始不替臨終病人進行太多治療程序，卻特別重視以藥物止痛，讓病人安詳離世，這就是現代的 hospice care，後來叫 palliative care。

在善終服務、紓緩醫學擁有的知識和技術，不一定只用於病人臨終時，也可應用在患病的較早階段。開始時只有癌症病人獲轉介到紓緩醫學，後來也有其他如器官衰竭病人，包括腎、心臟、呼吸系統等器官，亦有老年人由於各器官慢慢衰竭而獲轉介。除癌症病人外，年紀老邁、功能衰竭的病人也需要這些服務。

晚晴照顧

沈茂光醫生

紓緩醫學專科醫生
天主教香港教區醫院牧民委員會主席
葛量洪醫院紓緩醫學部榮譽顧問醫生

晚晴照顧

　　紓緩治療也可稱為晚晴照顧，在台灣名為「五全照顧」，即「全程」、「全人」、「全家」、「全隊」和「全社區」。

　　「全程」是病人在晚期階段，無論在任何時間、地方都得到照顧。甚至病人去世後，我們會繼續照顧其家人。提供全程照顧的各種服務，包括門診、住院服務、居家探訪和日間中心。病人去世後，家屬仍可以接受哀傷輔導。

　　「全人」就是照顧病人的身心社靈。

　　「全家」是除了照顧病人外，還要照顧其家人，幫助他們在最後階段陪伴及服侍病人。在病人去世後，也繼續幫助家人渡過哀傷期，每天有意義地展開新生活。

　　「全隊」是全職的醫護人員，包括醫生、護士、社工、心理學家、物理治療師、職業治療師、言語治療師等，照顧病人的身心靈，也有院牧、牧靈工作者和義工。團隊亦包括親屬、家人和外傭。團隊需要充份的信息交流才能作決策，不會出錯；即使角色有重疊，大家需要互相尊重、信任和接納不同意見。由於工作上有壓力和情緒，團隊需要開放地分享感受，這是很特別的團隊合作關係。

單靠團隊用心做事是不足夠的，我們需要「全社區」一起推動。要與其他專科，如腫瘤科、腎科、心臟科、胸肺科、老人科，也與其他專業，如社康護士、護理院舍等合作。亦需要聯絡社區團體，如善寧會、東華三院、明愛等，共同合作提供服務。我們需要提供更多公眾教育，讓整個社會文化轉變，更多人接受、討論關於死亡的議題，如預設醫療指示等。這不止是團隊的功勞，也是全社區的功勞。

既然紓緩醫學提供全人、全家、全隊的照顧，若病人與醫護和家屬沒有共識怎麼辦？當全人和全家有衝突時，團隊應該聽從哪一方？

個案分享

個案一

陳先生，八十七歲，慢性心臟病和腎衰竭患者。因為心臟衰竭入院，氣促。已離婚，家人在內地，獨居，需要照顧自己，不常煮食，多在外用膳。回家需要上一層樓梯，因為升降機不到達住所樓層。治療後，行動不大方便，需要助行架。病人用助行架難以上落樓梯，不能外出用膳；不肯安裝平安鐘，又不願入住老人院。病人期望每日到相熟餐館吃飯，還想回潮州探親。經職業治療師評估，認為病人不能上落樓梯。究竟醫生能否拒絕讓病人出院？

醫生拒絕讓病人出院，是否不尊重病人的自決權？其實自決權不能凌駕一切，病人有自決權；但醫生不一定要依從，需視乎病人最佳利益。那麼醫生可否以病人最佳利益凌駕他的自決權呢？

個案二

林先生，七十八歲，末期胃癌患者。餵食會有嚴重腹痛，每次都只能吃少量。

病人每當進食都會肚痛，可以插喉或吃止痛藥，也可以用靜脈輸營養。

家人屬意以靜脈輸營養，但病人不肯。病人是有權利拒絕輸營養的，因為多數瀕死病人不會感到肚餓或口渴，只需少量水份和食物已經足夠。

教宗若望‧保祿二世謂：「當死亡逼近而不可避免時，人可以本着良心，拒絕採用希望極小而又麻煩的方法來延長生命。」這是天主教倫理概念，儘管不是天主教徒，基本上全世界都接受這倫理概念。拒絕「特殊」或「不相稱的」醫療方法，並不等於自殺或安樂死，而是表示能接受人類的病痛，面對死亡。

有病人千方百計要治療自己的疾病，未必一定是勇敢，可能是未能面對病痛和死亡。所以病人拒絕並不表示放棄，也不一定是消極。放棄可能都是積極，一個合理拒絕是好的，「預設醫療指示」就是由這個概念衍生而來。病人要是接受所有維持生命療法，便不需預設醫療指示。

　　先前提到倫敦在一九六七年開始有善終服務，因為病人已經滿身插着醫療儀器，但可能未必需要，其實病人可以拒絕一些治療。靜脈輸營養又是否屬「不相稱」的治療呢？它的好處是增加營養和讓家人安心，但未必能延長壽命；壞處是令病人行動不便，而且多輸送營養，可能有心臟和肝過度負荷的危險性，也會受感染。

　　治療都是有利有弊，利多過弊固然好，若弊多過利便不要進行。但甚麼是利，甚麼是弊，和個人的價值觀有關。醫護人員需與患者和家屬達成共識才作出判斷，無論如何困難和漫長，大家需要耐心傾談，慢慢聆聽和觀察。回到這個案，患者為何拒絕靜脈輸營養？因為對日常行動造成障礙；家人為何着緊要靜脈輸營養？因為想多做事，盡量延長患者生命，讓自己心裏好過些。這情況下，似乎靜脈輸營養是為家人需要多於患者需要；因此團隊應該和家屬商討，聽從患者的意願。

預設醫療指示

　　我們尊重病人意願，但有時候和病人各有不同看法，而病人和家人也有不同意見，病人清醒時當然可以表達自己的意願，若不清醒又如何表達？這便需要考慮預設醫療指示。

　　有些情況下，病人是未必需要太多治療程序的，一些醫學倫理原則可以幫醫生判斷，包括「不離不棄」、「無效治療」、「有益」、「無害」、「最佳利益」、「生命神聖」及「病人自決」等原則。

　　醫生不一定要施行所有治療才叫「不離不棄」，作出取捨時可以用「無效治療」原則。但很少治療是完全無效的，有時便要用「有益」、「無害」原則，平衡治療的利與弊。例如，利可以是恢復健康、延長壽命和紓緩痛苦；弊可以是增加痛苦或經濟負擔。所以不同人可以有不同選擇，「最佳利益」於病人是各有不同。「生命神聖」也不一定凌駕其他原則，視乎個人的價值觀。至於「病人自決」，雖然也不能凌駕一切，但病人的意願通常也應該得到尊重。

個案三

七十六歲女病人，末期淋巴瘤患者，嗜睡、缺水和血壓低。需吊鹽水以補充水份，但會加重心臟負荷，病人女兒希望媽媽舒舒服服去世，拒絕吊鹽水。

個案四

九十八歲病人，十二指腸癌患者，嗜睡、胃出血、血壓低。需要輸血和吊鹽水。病人迷迷糊糊中會扯走輸血管，要被綁着雙手。輸血的好處是替病人補充血液，壞處是要被綁着雙手。病人孫兒不想他瀕死仍被綁着雙手。

個案五

四十三歲病人，鼻咽癌患者，靠導管餵食，神志混亂時自己抽走導管，因此被綁着。兩天後病人逝世，哥哥感到很內疚，因弟弟臨死仍被綁着。這情況需平衡餵食和綁手的利弊。

以上的情況，醫生都很難下決定，家人亦沒有一致決定。因此要有預設醫療指示，由自己簽名，好讓家人較易處理。

預設醫療指示的定義是作出指示的人需在精神上有能力做決定時，指明希望自己一旦沒能力時，要接受甚麼形式的健康護理。作出指示時必須有醫生解釋和一名見證人，見證人須在遺產中沒有任何權益和不是保險的受益人。指示須盡量用書面形式，口頭雖有法律效力，但容易有爭拗。這個指示很有用，既幫助家人下決定，也讓病人的意願得到依循。病人的自決權固然要受尊重，但不能有違法律及醫生的專業道德。

預設醫療指示在下列情況，以及病人不能自決時啟動：第一是病情到達末期，第二是不可逆轉昏迷，第三是持續植物人狀況，第四是晚期不可逆轉的生存受限疾病。

病情到達末期是指患有嚴重、持續惡化以及不可逆轉疾病，對針對病源的治療毫無反應。預期壽命短暫，僅得數日、數星期或數月的壽命。

昏迷的定義是長期失去知覺，陷於昏迷者對外界刺激沒有反應，不能言語，雙目閉合和無法服從命令。

植物人狀況是一種對本身和周圍環境並無知覺的臨床狀態。病人能自發性地呼吸，循環系統穩定，出現仿似睡眠及清醒的閉眼及開眼循環期。當植物人狀況延續超過四星期，醫生便可作出延續植物人狀況的診斷。植物人因為沒有知覺，對吊鹽水和綁手等不會感到辛苦，所以醫生在平衡利弊時需要考慮這一點。因為植物人狀況不一定是永久，可以甦醒過來，所以需要持續四個星期植物人狀況才算是植物人。植物人會張開和轉動眼睛，完全沒有知覺；而昏迷病人可以有知覺。

晚期不可逆轉的生存受限疾病是壽命不只數月，但器官衰竭不可逆轉，例如心、肺、腎；至於晚期運動神經元疾病是肌肉漸漸不能活動，最後病人不能呼吸，引致死亡。

假使病人患末期癌症，因接受化療而貧血，就算病人簽了指示拒絕輸血，除非病人已昏迷，醫生仍要根據需要及病人的要求而進行輸血。因為預設醫療指示是在病人不能自決時才會啟動。

病人可否在預設醫療指示拒絕所有治療？本來醫生須尊重病人接受或拒絕任何治療的權利；但香港法律改革委員會和食物及衛生局建議的預設醫療指示只針對維持生命治療，並不涉及其他確實有益的治療，如傷口護理；更強調紓緩治療的重要，例如病人有痛症便要止痛，所以自決權並不凌駕一切。

維持生命治療是有可能延遲病人死亡一刻來臨的治療，包括心肺復甦法、人工輔助呼吸、輸血、心臟起搏器或血管增壓素即強心劑（用於心臟衰竭至血壓過低的藥物）及人工營養。

耐心討論

預定臨終照顧計劃或稱為自主晚晴心願，是病人、醫療服務提供者、病人家屬及其他有關人士的一個溝通過程，商討當病人不能作出決定時，對其提供適當照顧方式。由於人人不同，所以需耐心討論和聆聽大家的價值觀。

臨終照顧安排包括死後的安排，如身後事、遺體解剖、器官捐贈，這些都需要告訴家人。自主晚晴心願可以包括身後事安排，如衣著、埋葬方式等，讓家人好好處理。

只要年滿十八歲便可以簽定預設醫療指示，但須清楚明白內容。末期病人更需要簽定指示。由於嚴重創傷或疾病可能會突然發生，所以可以在健康時預先簽署指示，並告知家人。若已簽定一張預設醫療指示，再簽定另一張時，先前的一張預設醫療指示便失效。作出指示時，應請家人陪同，訂立了預設醫療指示後也須通知家人和醫護人員。看醫生時需帶同預先簽署的預設醫療指示正本，確保醫生作出治療決定時，已經知悉病人的醫療指示；也可以考慮向家人、醫護人員和律師提供副本。撤消預設醫療指示時也須告知醫生。

預設醫療指示表格內列明不會執行安樂死，亦不會依循非法指示。訂立者可以選擇除基本護理和紓緩治療，不同意接受任何維持生命治療；也可指示拒絕某些維持生命治療。病人可以隨時撤銷指示，可在此表格上註明並簽署。

　　有多款預設醫療指示表格，內容都差不多；短式表格是關於不接受心肺復甦。理論上醫生會接受任何一款表格。

　　訂立預設醫療指示的困難在難於啟齒，醫生不知甚麼時候才適合討論，若突然向病人提出，會令病人受驚。最好還是在院舍擺放些單張，讓院友看過，覺得不錯，自行找醫生討論訂立。其他困難是未必有足夠時間討論，或病人缺乏醫療知識或不能想像生命末期的事情，不能作出預前指示，所以醫生需要向病人解釋。由於有病人誤解訂立預設醫療指示之後，不會得到適當的治療，醫生必須解釋清楚，拒絕心肺復甦法是在病人心臟停止後才不會急救。因此，教育大眾是重要，也須多為公眾印製單張資料和提供培訓予醫護人員。

「現今智識型社會，60 歲時狀態才是最佳，
是 3E（Experience / Expertise / Energy）
即經驗、專業、有能量的時候，
退休實在太浪費了。
所以開拓半義務工作⋯⋯包括半職工作及輔工。」

—— 郭烈東

李樂詩攝影

輔工計劃的意義與得着

郭烈東 JP
資深社工
「基督教家庭服務中心」總幹事

服務社福界這麼多年，

我始於有一個簡單的信念，

就是在每一個位置都要擴闊自己，

做最多的事。

而學習新事物是最開心的，

亦要積極準備如何做到最好。

這個 3G 輔工計劃是一個演進中的理想，

值得我們努力去推行。

利他精神的概念

首先，講一個故事：

有一個義工去探一個有病的老人家，去了幾個星期，被探的也很開心，到了探訪期完結，老人家在病床上跟他說：「你為甚麼沒有多謝我？你應該要多謝我，如果我不是患病，你就不會有機會來做服務。」

那麼，究竟是義工幫助老人還是老人幫助義工呢？這是個說不清的概念。人生合作的概念是應該有服務社會的精神，社會上一些幫助別人、「利他精神」是每人心裏自發的東西，是社會應鼓勵及鼓吹的事情，義工服務才能得到成長。

香港大部份義務工作者都屬於慈善團體、社團及政黨，其實現在愈來愈多學校、企業也會組織義工。義工是大家尊重的工作。政府推動的有長者義工、家庭義工、親子義工等等。最近有新的志願工作形成，隨着電腦的發展，網上可以有很多義工項目，大家不用聚在一起，只需上載，便可變成一個社團，每人貢獻自己所知，為同一個目標，不收酬勞去

共同成就事情。國際義務工作也有很多，如無國界醫生、社工，提供國際化的義務工作或服務。

香港有一個義務工作發展局推動義務工作，大家不一定要參加該會才可以參與義工工作。義工是一個很開放及參與性很高的服務。政府的推廣義務工作服務督導委員會亦做了很多工作。

輔工的特色

要有職業操守，對服務對象要尊重、友善等等。你的身份屬於機構，義工與機構是一個身份。

起初，輔警是警察部門及紀律部門的輔助員工，即 Auxiliary，可以理解輔工是義工的一種。同樣用時間及愛心做一樣喜歡做的東西，協助一個機構，但工作是更專注及更有紀律，要求更高的標準。記得外國消防服務很早期已有輔工工作，但後來已轉為兼職工作；因為做高危工作，如果是職業的話，法例上對他們的保障會更理想。

香港仍有輔助警察，他們屬於政府正式部門及有工資，只不過當值時間較少。香港自1914年已經有這個組職，世界大戰時因抽調所有警察，所以要募集輔助警察做後備隊，有基本訓練，但不是正規，後來慢慢演變成現在的架構。醫療輔助隊（AMS‐Auxiliary Medical Services）也於1950年成立，是一種可以應急，也可以在一些活動時協助簡單的護理工作。輔助工作隊伍的一般特色：是常規工作的一部份，有清晰的工作目標；非正規但支援正規工作；非正職只是業餘參與；半專業，要具備特殊條件及需要接受培訓；被賦予指定權力，要求團隊紀律；義務或半義務，工資比正規便宜或不收工資。

現在有些社會服務機構，包括「基督教家庭服務中心」亦希望嘗試引入這個輔工概念，試驗一下這個「在進化中」的概念是否可行。我們想參考義務工作發展局一些類近工作，稱為義工職員。他們每人每日做1-2小時工作，負責一般文職及開會議等等，但他們不收工資。

輔工計劃對「基督教家庭服務中心」的意義

「基督教家庭服務中心」成立於1954年，有五十多年歷史。有公關公司認為很難替我們做宣傳，因為名稱的每個字眼都很模糊，沒有面孔，定位也不清晰。我們在觀塘區紮根，現有超過1,000名員工，提供多樣化的服務，包括育嬰室、青少年、家庭、長者、復康、

社區、醫療及健康、心理治療及輔導、就業培訓及社會企業等等。數年前，政府把多項服務加插到我們中心，所以提供服務的地方和環境並不足夠。

　　然而，我們理解社會服務最重要是人手。政府增加給我們的資金都用作增加人手，人是很重要的因素。另外就是愛心，如果人聚集在一起，流水作業般工作，是沒有意義的，愛心很重要。所以我們需要很多義工的幫助，也明白義工的質素間接影響我們的服務水準。我們期望輔助員工可以是一個新方案，雖然我們已有一千多名員工，但我們希望服務可以更持久及穩定。例如訓練青少年探望老年人，當暑假結束他們便不會繼續幫忙。不穩定的服務對被訪老人家來說也會不高興。經常換人就要經常訓練新的義工，投資成本也很高，如果能有一班制度化穩定的義工或輔工，便可以提供長期及穩定的服務。

　　各位 3G「圓滿人生」課程的同學就是我們的對象，提供資源及愛心給予需要服務的人士，以專業精神提供半專業服務。專業人士有專業精神，不用訓練。義工或輔工做的工作不是社工的工作，只是利用專業精神去協助做服務，這亦可以成為你們自己的專業。

　　在特定的位置上，我們提供半職業訓練；之後，即投入義務工作。輔工成為服務團隊一份子，兼具權利和義務，希望輔工跟普通義工不一樣。在傳統概念上，一般義工是我們的服務對象，要利用義工工作協助他們成長。所以在對外形象上，義工可以很不同。但現在希望輔工的身份及概念清晰，是一個半常規性及半專業性的位置，定位比較清晰。

　　輔工在某程度上可以穩定地當作一個半義務的工作。我們正在找尋機構贊助，看看可否施行支付一些工資。義工有時候會突然不出席，要有後備的頂替。但輔工便有不同的做法。輔字有特別意義，除了輔助員工外，在中國字彙裏，輔是幫助成功的意思。以前有太輔官職，專做顧問指導的工作。我們有年輕的社工，要幫助訓練他們處事成熟。其實社會服務機構的職員不全是社工，也有傳訊、資訊科技人士，因資源不夠，如果年輕人能與他們機構的輔工合作，會有理想的效果。

　　退休人士沒有不可以參與的方式，包括半職工作及輔工。輔工除了對我們機構有深層意義外，其實對整個社會亦很有意義。現今知識型社會，約 30 歲的青年人，腦筋或仍未成熟；到了 60 歲時狀態才是最佳，是 3E（Experience, Expertise, Energy），即經驗、專業、有能量的時候，在這時候退休實在太浪費了。所以我們開拓半義務工作，一個漸漸退休的職位。

輔工計劃的意義及得着

　　退休人士跟社會可能會距離愈來愈遠，當沒有很多限制，便會留在家中。社會學稱這些 Social engagement model 為社會僱用模式。因此，退休後一定要有東西與你聯繫。若跟機構有穩定及清晰的關係，不管是否第二職業，皆可對社會有所貢獻。事實上，每個人在

參與的過程中，不論喜歡這工作與否，或取得甚麼，都是一個互動的過程。

首要工作是老人家居照顧服務。因資源有限，我們的同事平常只可以到訪很短的時間；但這班老人是需要有社會精神上的照顧及病學需要的，他們想找人陪伴，跟他聊天說話。這個社會精神病學的要素是一個好的輔工位置，可以經常去做探訪工作，但有需要強調這不是一個簡單的探訪。我們是一個團隊工作，輔工要與社工有溝通，社工為個案經理，在個案討論的會議中，輔工參予討論及給予意見，對個案會更有幫助。現時很多的個案，老年人雖然困在家中，但仍是開心的，沒有太大的困難。但有些個案，長者是有抑鬱的徵象，需要更資深的輔工去幫助，這類個案，社工暫時仍未開放給「輔工」去服務，其實開放後可能服務功效會更大。因此持續訓練是有需要的，學習去幫助這些活到人生最弱階段的老人，學習如何令他們有光輝。

將來輔工如何發展，機構內部仍在研究，希望將這事變為一個可持續的系統，得到大家的支持是很重要的。

「我們提供了一個平台。

3G輔工（退休人士）的參與對長者（院友）將會產生很大的幫助，

令長者更有生命力⋯⋯

重要的是大家可以互相溝通和互動，

透過彼此生命的交流而達致生命影響生命的效果。」

——伍黃麗華

李樂詩攝影

「3G圓滿人生」輔工課程的實習部份，

由「上門」探訪長者的家居服務，

進而踏入院舍，提供小組互動服務。

香港東區婦女福利會

「伍少梅護理安老院」提供第一個平台，

讓同學們實踐關愛 Do Good 服務。

輔工計劃的意義與得着

伍黃麗華

註冊社工
香港東區婦女福利會
「伍少梅護理安老院」前院長

「伍少梅護理安老院」的理念

　　本院舍的服務理念是「長者為本、服務至上」，按着長者的需要，循着全人照顧的模式提供服務。透過專業團隊（護士、物理治療師及社工）之間的合作，以及一班前線員工的共同努力，我們做每一項服務，都為着提升長者的生活質素（Quality of Life）。透過持續改善，希望我們的照顧可以讓院內各位長者有一個比較積極的人生，過着有尊嚴和有意義的生活，我們很希望長者在晚年時仍是滿有快樂和豐盛。

　　心理學家艾力遜指出人生有八個階段，當長者入住院舍時已進入人生末段，最後一個階段。稱為圓滿或失望，即是在這一個階段回顧從小至年老所經歷的事和反思自己的生命，重整個人對生命的看法和建構正面和積極人生的生活態度。本院希望能幫助入住的長者，使他們不再覺得是被動、被照顧和要依賴的。我們會鼓勵長者多參與、發揮個人能力，故此院舍提供的義工服務，其實是很重要的。

院友長者義工

　　過往在一百一十七位院友中，有二、三十位長者都很願意投入我們院舍的義工服務；因為他們知道要生活得快樂、豐盛，就需要積極參與。我們有些院友因健康需要而要入醫院治療，出院後健康和精神狀態都會較差，也很疲倦。院舍內這群長者義工，好像是愛心

天使般主動參與探望患病的院友，縱然之前互相不太認識，只知是住在隔鄰房間，但透過義工們親切的問候和關心，他們深受感動。另一方面，那些去關懷別人的長者義工，透過簡單的慰問也令他們感受到幫助別人的歡樂。長者以前從事的職業在院舍未必可以有所發揮，但是透過做義工，他們可以獲得一份自我肯定，體驗老有所為的快樂，以及提升自我效能感。

老有所為

老有所為很重要，社會福利署每年都舉辦這項計劃，我們也會把握這些資源，鼓勵院內長者積極地參加。大家都知道長者有很多專長，尤其是在煮食方面，他們會做蘿蔔糕，或是在端午節時包糭送給一些獨居長者，可以說長者義工服務不單只限在自己的院舍範圍，更可以跳出院舍，幫助更多獨居或有需要的長者，表示一份關懷。他們藉着參與不同的服務，晚年活得更精彩，希望長者能夠透過整合自己的過去，締造一個圓滿無憾的人生，就像各位參加 3G 圓滿人生輔工課程一樣。

「輔工計劃」對社會有甚麼意義呢？

　　Robert Putnam（1993）是美國的政治科學家，他提出「社會資本」的概念，強調要「社區參與」，當每個人已盡了很多家中的責任，是否可以踏出第一步到社區呢？例如青年人跟長者互相交往，透過長幼共融，讓年長一群及年輕人都能自我增值，最重要的是可以彼此補足和影響。社區本身是一個平台，「3G圓滿人生」課程的輔工同學來到本院舍做一些服務：探訪長者，我們就給大家提供了一個平台。大家的參與，對我們的長者將會產生很大的幫助，令長者更加有生命力。長者入住院舍後較容易與社會脫節，透過大家來到跟他們接觸交往，他們可以重新掌握一些事物，不會成為隱蔽老人；由大家的第一手資料跟他們分享，長者會比較容易接受而且更加有信心。在這個平台，重要的是大家可以互相溝通和互動，透過彼此生命的交流而達致生命影響生命的效果。同時「輔工計劃」嘗試為退休人士開拓更多義務工作的空間，對社會有着特別的意義，除了可以增強社會網絡，加強聯繫，更加提升社會資本及有穩定社會的貢獻。

　　我們院舍裏的長者究竟有甚麼需要呢？根據世界衞生組織的定義，「健康」是指在生理、心理、和社交生活三方面均要活在良好的狀態。我們院舍以長者為本及提供全人照顧為宗旨。這不是只着重生理、心理或社交的其中一方面的照顧，而是三者缺一不可，不知道大家是否同意呢？為甚麼大家要來參加「3G圓滿人生」輔工課程呢？因為大家覺得心理有一份需要，多於生理需要，參加課程後感覺多了一份社交的滿足，有同學關心你、提

醒你上課、問你吃了飯沒有，你會覺得很開心、很滿足，所以我們對長者的照顧也就是在這三個範疇之內。

「輔工計劃」對伍少梅護理安老院有甚麼意義呢？

長者健康每況愈下，而目前護理服務出現求過於供的情況，在經費有限及人手招聘困難下，當善寧會讓我們知道日後會有一班又一班的退休人士有興趣來到我們的院舍探訪長者時，對我們實在是一個很大的喜訊和幫助。在我們的服務上，讓長者可以得到退休人士的關懷和接觸。回看「3G 圓滿人生」課程的輔工同學 2011 年已經來了六次，差不多四、五個月，有大約十六位學員每個月到來探訪我們二十位長者。我們真真正正看到他們的專業知識，以及熱誠服務長者的精神。他們每次來訪時間約為一個多小時，他們很有耐性，運用不同的方式，有時跟長者唱歌、打拍子，或是做一些手部運動，這些都不是我們要求的，而是他們出自真心的創意和付出。我們發覺長者也有些改變，例如其中一位婆婆，平日她甚少表情，看不出她的喜怒哀樂，但是透過六次的探訪，我看到她開始與義工傾談，而且還露出微笑，那笑容是我很少見到的，這正正就是生命影響生命。我不知道義工跟她分享甚麼，但是她在笑，她主動問那位義工是否肚餓、吃了飯沒有，是我們真實地看到，實在十分寶貴，在此再次感謝善寧會讓我們的長者得到一群社會人士的關懷和支持。

輔工計劃的得着

這裏有兩幅圖畫，讓大家思考一下，你想自己的生命像上面哪一幅圖畫呢？是七彩繽紛的彩虹，還是像下方那烏天黑地的圖畫，你們現時的心情屬於哪一種呢？你希望自己接下來的生活是哪一種呢？假如我們的生命仍有三份之一的時間，在這三份之一的時間中，如果每天活得都像那烏天黑地的圖畫那樣，我便會覺得頗悲慘，人生會很灰暗；但若是像這彩虹，我相信我們仍有很多計劃，很多未圓的夢想要去實踐。我希望大家可以憑着「信、望、愛」這三方面，作為我們生活的指標。「信」，我覺得可用善寧會 3G 的「Look good、Feel good，然後 Do good」。何時 Do good，就要留待大家問問自己。「望」，就是我們有願景，我們要繼續去尋覓的。「愛」，當然你要付出，要去散佈這顆愛心。另外是要以行動實踐，實踐後要結果子，結出果子後，便會得到圓滿的人生。

聖經記載：「施比受更為有福」（徒 20：35），

你的一生是否做到施予，又或者曾否享受過這福氣呢？大家都想有多些福氣吧！天主教德蘭修女獲得諾貝爾和平獎，她的智慧語錄中也曾提出過一條問題：「最令人快樂的是甚麼事？」。她的答案是「幫助別人」。這「幫助別人」正好讓大家去選擇，可以是幫你身邊最親的家人，或跳出來幫助社區中的弱勢社群，你們現時揀選了來院舍幫助我們的長者，所以我相信輔工計劃正好給了大家另一個選擇，你會否作出這個選擇？

香港中文大學沈祖堯教授在二零一一年十二月一日跟他的畢業生分享，說了四個字：「不負此生」。提醒他們踏足社會工作時，要有一顆謙卑的心，去關顧需要關顧的人，不是着眼於社會能給予你一些甚麼，而是你能為社會做些甚麼，所以我希望大家透過參與這個圓滿人生課程時，也能夠做到「不負此生」。

參考資料：
· Erikson, J.M.（1987）. *The Life Cycle Completed*. New York, London: W. W. Norton & Company
· Kossuth, P.M., and Bengtson, V.（1988）. *Sociological Theories of Aging: Current Perspectives and Future Directions*. In Birren, J. E., and Bengtson, V. L., eds., *Emergent Theories of Aging*. New York: Springer Publishing Company
· Putnam, R., with Leonardi, R. & Nanetti, R.（1993）. *Making Democracy Work: Civic Traditions in Modern Italy*. Priceton: N. J. Princeton University Press.
· WHO（2002）. *Active Aging: A Policy Framework*. Geneva: WHO.
· 第三齡人士退休生活 2009 年研究報告（http://3aa.bcthk.com/chi/pdf/3AASurveyReport.pdf

李樂詩攝影

「輔工平等地對待長者，
對他們關心，但不能用施捨的態度……
也可以用電話慰問他們，
其實，一、兩通電話已可以令他們開心一整天。」

——唐彩瑩

實踐與承諾長者服務

唐彩瑩
註冊社工
「基督教家庭服務中心」服務總監（長者照顧）

探訪長者是「3G圓滿人生」

輔工課程的 "Do Good" 實習部份。

「基督教家庭服務中心」

為輔工同學安排探訪對象，

參與「改善家居及社區照顧服務」，

提供「上門」長者關愛。

實踐 "Do Good" 之前，

由資深社工講解服務與承諾，

及與長者溝通的技巧。

「改善家居及社區照顧服務」

宗旨

給予長者們適當的照顧，讓他們可留在社區內安老，不需要入住院舍。此外，亦為護老者提供支援服務，讓他們可以稍作休息，並教導他們有關照顧長者的技巧。

服務內容

特別護理：由護士做特別護理，例如照顧老年人失禁、糖尿病、呼吸護理等。提供個人護理服務包括洗頭、洗澡、剪髮、換衣服、餵食等。提供復康運動服務，由職業治療師替服務使用者進行家居評估，了解環境有沒有風險，並作出改善建議。提供復康運動方案，幫助他們強壯肌力，由家居照顧員上門替服務使用者進行服務，例如做運動拉筋，物理治療師會定期覆檢以便了解服務使用者的進度。

膳食及家居照顧服務：提供送飯服務及家居照顧服務，例如洗衣服、清潔家居等，給服務使用者。

護送覆診：安排接送服務使用者到醫院 / 診所覆診。

護老者支援：教導護老者在家中協助服務使用者進行簡單的家居護理及運動鍛鍊。

日間暫托：提供日間暫托，讓護老者可以忙裏偷閒，休息一下。

二十四小時緊急支援：提 供二十四小時緊急支援，例如：服務使用者在晚上發生事故，可以直接找到專人幫助，例如採用「平安鐘」，在他們有需要時可按鐘求助或叫喚救護車等。

其他支援：例如復康用具維修、輪椅維修、康樂活動等。因身體狀況影響而較少外出的服務使用者也有機會外出；例如生日會、旅行、齋宴等活動，由義工及輔工照顧同行的服務使用者。

服務形式

我們提供服務的是一個跨專業的工作團隊，包括物理治療師、職業治療師、護士、社工，共同商討合作計劃，在初步探訪服務使用者後，定出護理計劃，並安排員工執行。如有其他專項需要，我們也會替他們聯絡社區裏服務的資源協助。

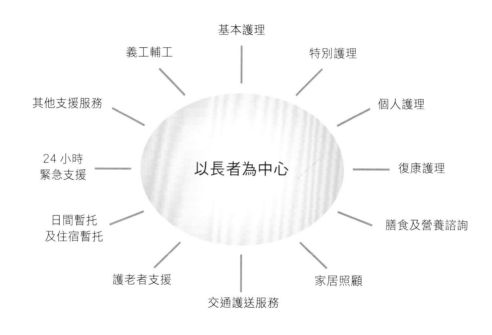

基本護理

特別護理

義工輔工

個人護理

其他支援服務

以長者為中心

復康護理

24 小時
緊急支援

膳食及營養諮詢

日間暫托
及住宿暫托

護老者支援

家居照顧

交通護送服務

探訪須知

· 輔工 / 義工要清楚上門的目的，準時到達。家訪時把長者的地址帶在身邊，有需要時可帶備地圖。

· 輔工 / 義工要帶有義工證或輔工證，在大廈大堂保安或管理處先登記然後進入大

廈。為了保障人身安全及方便不同服務的安排，在探訪前，義工／輔工一定要通知個案經理。

- 輔工／義工要預早致電長者，與他們安排探訪時間，讓他們留家等候。按門鐘後要耐心等候，有些長者行動不便，要較長時間才開門。

- 輔工／義工家訪後必須填寫探訪紀錄，切記要尊重長者的私穩，盡量不要透露老年人的資料，不要把私穩外泄。

- 義工／輔工要尊重長者的生活習慣，盡量不要移動他家中的物件；因為有時長者的視力不好，若你移動了他的物件，之後他可能找不到，或可能沒有能力把物件移回原處。

- 義工／輔工切記不可以有任何金錢交易，以及推銷的行為。如果是臨近新年時探訪他們，他們可能會給義工／輔工一封利是，一概不能收取。若是他們認為這樣不吉利，則可以只取利是封，盡量不要跟他們角力，因為有些長者或會很固執；義工／輔工也不要給家訪對象封利是，如果想送他一些小禮物，可以買些水果，盡量不要送貴重的物品。

- 義工／輔工不要把自己的電話號碼告訴探訪的長者，以免他們會隨時致電給義工／輔工，引致不便。

- 義工／輔工不要輕易對長者作出承諾。若長者提出要求，義工／輔工不要代機構答應，義工／輔工可以說：「我們可以幫你反映，但未能確實應承你」。之後轉告社工，由他們盡量作出安排。

- 義工／輔工若安排其他的私下活動，亦必須通知個案經理；例如外出活動，只要你有能力，而長者又願意的話，是沒有問題的，但要預先通知社工，與個案經理緊密聯繫。

與長者溝通的技巧

- 跟長者溝通的話題，可以包括健康狀況、住屋情況、經濟情況、生活情況等。例如問他們有沒有甚麼事情感到擔心，他們可否照顧到自己等。

- 跟他們說話時不要說得太快，否則可能會聽不到。講話要慢些，有些長者或有聽力不夠，或一隻耳朵失聰的情況，義工／輔工或要在他另一邊耳朵跟他說話。

- 長者的活動能力較慢，有時因有疾病困擾，或有呼吸系統毛病，義工／輔工上門前要格外清潔自己，一入屋要洗手，並盡量不要塗太濃的香水。

- 如果長者記不起義工／輔工是誰，也不要怪他們，因他們或可能患有腦退化症或輕度認知障礙。

- 跟老年人傾談時，要注意眼睛望着他們；因為他們可能不太聽到你的說話，凝望他

們，他們得到環境的資料，會知道有人跟他們說話。

- 義工／輔工還可觀察一下他們家居的情況，留意他們的身體語言。聽聽他們言外之音。有時他們或會吐一、兩句苦水，義工／輔工可以跟他們聊一下。

- 溝通貴乎坦誠，義工／輔工打開心屝跟長者相處，他們會很開心的。有些長者年紀大，身體弱，沒有工作能力，但是他們大都不喜歡這些負面形象。在溝通時要注意，長者們也不喜歡別人把他們當是小孩子，他們也有自主和想法。把他們當作小孩，他們會覺得不受尊重。例如不能對長者家鄉常吃的食物說：「婆婆，這些食物吃不得的呀！」等。

- 義工／輔工平等地對待長者，對他們關心，但不能夠用施捨的態度。跟長者相處要有耐性，盡量建立認同感，他們就會較易把內心所想的告訴你。

- 問完長者問題，要有耐性等他回答，最好在說話前先稱呼他們的名字，讓他們準備聽說話，義工／輔工可跟隨社工一貫使用的稱呼方法，有稱呼會使他們感覺較為親切。

- 運用身體語言可以讓長者明白多些，也可以用電話慰問他們，其實，一、兩通電話已可以令到他們開心一整天。

- 不要隨意丟棄他們的物件，切記不要見到一些霉霉爛爛的東西，便替長者丟掉，要知道這有可能是他們父母留給他們的遺物呢！

「往探訪長者時，我們要說：
『婆婆，多謝你給機會讓我們來探訪你，
很多謝你讓我們進來。』⋯⋯
跟長者溝通，就是想達到一個目的：
給他們歡樂，讓他們從不開心的事情中走出來。」

——廖志玲

李樂詩攝影

「3G圓滿人生」輔工課程的同學

實踐Do Good的探訪對象，

大部份都是體弱或患有輕度腦退化症的長者，

所以有必要學習及加深認識與他們溝通的技巧。

與長者及護老者的溝通技巧

廖志玲
註冊護士 註冊助產士
「香港老年學會」老人科護理顧問

與長者溝通

　　與長者溝通，就是想達到一個目的——給他們歡樂，讓他們從不開心的事情中走出來；聆聽他們的說話，讓他們可以靠在我們的肩膀上，並向他們提供我們所知的社會資源。尤其是與一些患腦退化症的長者溝通，除了有特別的技巧外，最重要是我們的心。

　　即使是腦退化症或中風的長者，他仍可看出和看得懂我們的身體語言，就像我們說小孩子懂得看別人的「眉頭眼額」一樣，知道誰愛惜他。長者本身有很多人生經驗，引導他們說出來，他們仍然可以發揮很多，教導我們做人的道理。

　　溝通要透過訊息，然後傳至收訊人。你要確保所發的訊息，有否正確地被對方接收到。這點很重要，誤會往往由此發生。我們講話後，要看看對方是否接收到，這才是真正達到溝通的目的。

　　其實老年人聽別人說話是次要的，他主要是看你的身體語言，尤其是面部表情、舉止動作、聲調是否友善、還是敷衍地說話。跟長者溝通的目的，是想跟他們多些傾談，讓他們適應晚年的生活，能解決困難，邁向健康的生活。千萬不要覺得老年人耳又聾、眼又朦，反應又遲緩。

有效的溝通

有效的溝通，要有良好的關係，無論對長者，或是對大家都是重要的。跟長者溝通時，要令到他們覺得被接納、尊重、關懷和愛護；送東西給長者，比不上送心意和誠意。

一句說話的輕重，對老年人的感受是很重要的。正如有些人，不喜歡別人問他是否領取綜援。有時我們要問，生病要看醫生時，他們是否知道有醫療券，並盡量提供一些社會資源，讓他們知道和運用。此外，說話時要加以調節，不要一見面就問他靠誰供養、有沒有人來探望、子女來探望多少次，要由他自己說出來，而不是我們計算出來，這點也是很重要的。

如果用詞不當或辭不達意，會令他們有錯覺，覺得你認為他們沒有用。不應說「你需要別人替你買東西嗎？」「你需要別人替你洗澡嗎？」「需要帶你到街上走走嗎？」不要問得那麼明顯。長者很討厭自己要把個人衛生假手於他人；因為當最貼身的個人衛生都要依靠別人時，長者的自尊會很低落，這一點我們也要很小心。同時，不要讓其他人知道他的情況，尊重他們的私隱。

我們跟長者傾談時，要避免使用專門術語，這會令他們無法理解。例如伯伯入院，要驗小便，有位護士跟他說：「如果你急就拿『鴨仔』吧。」伯伯問：「這裏有鴨仔的嗎？為甚麼在醫院小便要找鴨仔？」其實只是小便壺形狀像鴨子，行內人習慣稱之為「鴨仔」。

我們跟長者說話時，不要有複雜的意念，他們會難於理解。有一次我往銀行，聽到一個婆婆問銀行職員：「我是否在這裏可取得六千元？」那人答得妙：「你有六千元就可拿得到。」意思是她存摺內有六千元就可提款，而婆婆所指的卻是政府派發的六千元。可見一些含意較複雜的說話，會令老年人覺得很難明白。

跟長者交談時，不要太早下結論。有一位年青人要很夜才下班，來不及回家吃晚飯，但在七時過後才想起要致電回家，老人家回應「我已煮了飯，你這樣遲才通知」。他聽到後會覺得不舒服，變成大家你一言、我一語，由細小微粒變成沙石。其實他可以說「不好意思，我也是剛剛得知要加班的」，起碼對方聽了，不會太氣上心頭。

上門探訪長者

往探訪長者時，按門鐘後，長者出來應門，我們就要說「婆婆，多謝你給機會讓我們來探訪你，很多謝你讓我進來。」這樣一開始就營造了一個客氣的氣氛，我們說話就容易得多，加上你真心地感謝她讓你入屋，接着便可以展開一個隨和的交談，才可引伸至一個深入的溝通。

如果探訪是評估他們的抑鬱、生活質素或健康情況，所發問的問題便要把它生活化；例如可以簡單地問「你覺得現時的生活開心些，還是以前生活得開心些？」「你獨自一人時，會不會想到些甚麼？」千萬不要問有太多假設的問題，例如：「你是否覺得很空虛？」「你是否覺得自己沒有用，寧願死去，不想負累家人？」

耐心是非常重要的，尤其是問及子女的事情，他們會開心地跟你分享子女在甚麼地方工作，子孫學業有成等事，甚至會拿照片給你看，到時你就要跟他們分享，不要只是回應「是啊，是啊」。

要有耐性地聽他們說話，並要主動地問他的情況。有家人經常關懷的長者，是較為開放的。但是在勞動階層的長者，家人可能較少跟他們交談，要為口奔馳，為柴米油鹽而憂慮，這些老年人通常會鬱結在心，不多講話。如果我們到他們的家，要主動跟他傾談：「你有沒有去中心參加活動呢？早上有沒有去晨運呢？」以此先引起話題，用日常生活引起他們的興趣。

跟長者傾談時，最重要是尊重。因為很多時候，他們覺得自己被視為沒有用。可以跟他們說：「不要緊，你們湊大幾個子女呀，然後再湊大孫兒呀！你是很重要的。」令他們不會負面地覺得年老就是沒有用的。

　　有些公公婆婆穿得乾淨整齊；有些則不然，要接納他們。見到他們的衣服扣錯了衣鈕，不要直接指出來，可以說：「你今天是否曾經外出？是否很趕時間？」如果他的太太在旁，可能會懂得馬上替他扣好衣鈕，不要說：「咦，你扣錯了衣鈕。」這樣細微的事也不要說出來，否則他們會覺得自己很沒有用。老年人很喜歡招呼客人的，會拿一杯水給我們喝，千萬不要拒絕，要讓他們覺得你不會嫌棄他們。

　　往探訪長者，就應預計要和他們打成一片。每位長者的家有不同的擺設，有些家中不是太整齊。當我們入屋後，要先問問他們平時慣常坐的位置，不用特意遷就，因他們會把平時坐得舒服的位置讓出來。要先安頓他們坐好，我們才坐下來，而且盡量坐近他們，讓他們覺得我們很珍惜跟他們傾談的機會。

　　此外，如有「身同感受」的行為表現出來會較好，正如以前老年人往往不喜歡用拐杖，因怕被別人取笑。當見到長者行動得不太好，可建議他們到社區中心，由物理治療師指導他們怎樣運用拐杖，幫助他們行得好些，讓他們知道很多人都已在使用，以免跌倒。要鼓勵他們使用，而不是用命令式強迫他們。

　　我們的態度要誠懇。即使是中風或腦退化症的老年人，都能夠看得出我們的誠意。不要太嚴肅，因為跟他們傾談，是希望能帶給他們歡樂。

我們要控制情緒，不要煩躁，因為很多老年人說話不斷重複。又注意長者很少在陌生人面前批評子女不孝順，所以不要問「你的子女孝順嗎？」不要引起他們的挫折感。如果他獨自居住，還可照顧到自己，可稱讚他雖然年老但並不是沒有用。如他只剩下獨自一人、兒女在外地，要留心當他說到很不開心或哭起來時，不要再挑起令他不開心的事來說，而是引申說另一話題，希望可以控制他們負面的情緒，令長者不會想到一些不好的事情，這是跟長者溝通的基本技巧。

不需要刻意地大聲說話，最重要的是讓他們看到我們的唇形。不要截斷他們的話，一定要給他們充足的時間慢慢地想，不要代答。有些事情他們說是這樣子的，雖然不大正確，不用跟他們辯駁。

與腦退化症長者溝通

跟患有腦退化症的長者，仍然可以有溝通的，只是需要多點愛心。一定要容忍和有耐性，要多些時間溝通，不要急躁，跟腦退化症的老年人傾談是急不來的。照顧腦退化症長者時，有些事情已跟他解說了，但他仍會做錯。可能他有太多事情要記憶，所以讓他們做完一件事，然後再跟他說另一件事。同一時間說太多的話，他就會忘記；因他的自我控制

意識褪減了，不會理會他人。他們想到甚麼就說出來，想做甚麼就做甚麼，別人跟他說的話，需要慢慢接收。你告訴他多行兩步才會到達廁所，但他們的思維未必想到要到廁所才可小便，所以要加以注意。

跟腦退化症的老年人傾談前，首先要知道那位長者退化的程度，然後要體諒對方的「長氣」、辭不達意。當他們跟你說話，內容會跳來跳去，說今天吃甚麼時，忽然又會說昨天兒子沒有來，接着又問你明天會帶他往哪裏，內容有時欠連貫性。有些老年人會記得你，對你有印象，但記不起你的姓名；讓他有些自尊心，不要說「你這樣沒記性的，說完你又忘記了」。

見面時，要看看他們的精神狀態，是否很疲倦、很不開心，環境要安靜。腦退化症患者的視力會退化，聽覺又不太好，注意力又衰退，要在適合、寧靜的環境下跟他們傾談，以及預留多些時間。

當遇到一些中度或初度腦退化症的長者，要拉近距離，坐在同一水平線的位置，讓他可以看到你。又要讓他感受到你的誠意，可以輕輕拍一拍他的肩膀，或是摸摸他的手，他會覺得你很好。腦退化症的長者往往產生很多幻想，所以身體語言要讓他們有安全感，不要有太大或太多的動作。

有些長者的教育程度不太高，但並不表示他們說話不好，有些說話謙卑，有些則會覺得自己很「叻」，要因人而異地聆聽，不要以自己的程度和主觀去聽。要接受那些教育程度不高的老年人，當他說俚語時，我們都要接受，千萬不要流露出聽得很不舒服的態度，身體語言是騙不到老年人的。

有些第三期腦退化症的老年人，往往不可以表達到很多事，他們的身體機能失效，但是不代表他們沒有溝通能力，他們的潛意識仍然可以表達到日常生活所要的事；例如指着手錶問他那是甚麼，他們初時可能含糊不清，但提示他每天看時間的，他就會懂得答是手錶，要即時給予鼓勵，他們會開心些。

千萬不要把公公婆婆當作小朋友看待，不要說「乖呀」、「叻啊」，我們會讚他們「醒目」、「做得到啊」，讓他們覺得自己是成年人，要稱讚他們，可以豎起拇指，他們會很開心的。

要尊重長者曾擁有豐富的人生經驗
和閱歷，不要把他們當作小孩般看
待，要用成人與成人的溝通模式。

——鄺月梅

李樂詩攝影

與長者及護老者的溝通技巧

鄺月梅姑娘

資深註冊護士
靈實護養院前副院長
靈實專業進修學院導師
香港職業發展服務處導師

甚麼叫溝通

「溝通」就是「發訊人」將訊息傳遞給「收訊人」。訊息不單是一些知識、想法，而情感的傳達也是訊息的一部份。假若有人在你面前哭泣，其實是一種情感的傳達，不是用說話的方式來表達，而是用眼淚、身體語言來告訴你：他 / 她當時的感受。當我們傳遞訊息的時候，需要透過一些媒介或渠道。例如，導師上課時是透過說話、簡報和身體語言來傳遞訊息給學員。學員的點頭、笑容、發問都是正面的「回饋」。而學員是否留意或接收到導師發出的訊息，便可從學員的「回饋」中知道。這是一個循環現象，當「發訊人」收到「收訊人」的「回饋」時，按情況再發出訊息或用行動回應，這就是一個溝通過程。

　　溝通是有條件的，要視乎溝通的「目的」、「對象」、「方式」、「環境」等。若在嘈吵或幽暗的地方跟長者交談，他們看不清楚、聽不清楚，溝通就困難了，所以一個合宜的環境非常重要。此外，目的和對象亦是重點，我們要知道與溝通「對象」溝通的「目的」是甚麼。如義工探訪院舍，跟長者傾談、做活動……目的主要是服務長者，令他們開心？或是好奇他們的私人生活？又或是想改變對方的想法？

　　溝通可分不同的層次，有普通交談的，所謂說：「Hi! Bye!」一般的應酬說話；或只將事實陳述，分享你所知的；又或再進深一個層次，願意表達你的想法、意見和分享所想。溝通層次會因應溝通的對象、目的而有所調節。在溝通過程中表現出良好的態度和行為，能增加親和感。談話的內容往往容易忘記，但對方的表達方式會令人難忘。

溝通的盲點

　　個人情緒的表達——情緒會影響溝通，溝通會影響情緒。情緒會影響說話時的語調，身體語言也會受情緒牽動；如當一個人「唔開心」時，會在臉部表情流露出來。

　　個人的立場傾向——假若自己有既定立場，就難與對方產生共鳴。就如某些年青人覺得長者思想落伍，處事不合時宜，就將自己的想法，甚或個人價值觀「硬塞」給對方，這都成為溝通盲點。

個人感受──每個人對同一件事都會有不同的感受，假如武斷認為對方的感受和自己的都一樣，而忽略了對方自身的感受，便會窒礙對方的表達機會。

個人的表達能力──發訊人的表達技巧及收訊人的回饋能力，都會影響溝通效果。

個人身體狀況──如長者身體狀況欠佳、疲倦，會影響訊息的傳遞和接收。長者的記憶力較差，尤其短期記憶，所以有時很快便忘記之前交談的內容。長者的專注和集中能力也較弱，假如溝通的過程太長，令長者不能集中和感到疲累，當然也影響溝通。

影響接收訊息的因素

環境因素──環境是否太嘈吵，光線是否充足，溫度是否合宜等。假如室溫太熱或太凍，令人感到不舒服；又如長者在太暗的環境下，看不清楚對方時，都會影響訊息的接收。

收訊人的個人因素──即收訊人當時的身體、心情和精神狀態好壞，也會影響訊息的接收。

發訊人的表達方式——發訊人要留意用詞，如用太專業的名詞會令對方聽不明白。甚或年青人慣常的口語，未必是長者習慣的溝通語言。

溝通雙方的關係——關係可能會受雙方過往的印象和經驗影響，若堅持自己既定的觀點或看法，及有先入為主的印象時，往往會阻礙雙方建立良好的關係，更阻礙訊息的接收和傳遞。

有效溝通的要素

要達到有效的溝通就要「知己知彼」。「知己」就是「自我管理」個人情緒、態度、語調、身體語言等；要懂得處理自己的負面情緒。其次是「時間管理」，有充裕時間的溝通，當然可令雙方有深入的表達及回饋。但當時間不夠充裕時，小心在溝通過程中把對方的情緒撩撥出來，而未有足夠的時間給他適當的回饋，一個突然終止的表達及回饋，是失效的溝通。

「知彼」是要明白長者身、心的變化和行為表現。護老者的訴求、期望及照顧壓力。

長者方面：年紀大了，無論體能和精神都會減退，反應和表達能力也較慢。加上長者如果患有情緒病（如抑鬱症），更要耐心聆聽他／她的想法，而不是將自己的價值觀和想

法套在他們身上。此外，長者表面行為的表現，未必是他 / 她真實想要或想表達的東西。例如長者表現冷淡，但其實很想得到別人的關心，這可能基於自尊心關係，而表現出「欲拒還迎」的態度。當探訪長者的時候，不妨以「膽大、心細、臉皮厚」的心態與長者接觸，不要被他一個「黑臉」就嚇怕了。此外，要明白患有認知障礙症的長者所表現出來的不當行為，並非是他蓄意的，要諒解及接受他是一位有病的長者。

　　護老者方面：要明白護老者投入照顧角色時，便會忽視自己的需要，以致精神和身體上承受壓力。也許當家人決定送長者入住院舍時，內心會有掙扎，尤其是在家中照顧長者多年的護老者。他們都會反覆思量這決定是否正確，將照顧的責任假手於院舍時，會對院舍有期望及訴求，也是自然的現象。所以要與照顧者建立良好的溝通關係，先從照顧者的角度出發。

認識護老者

　　由於人口高齡化，部份護老者也成為長者，他們都有長者溝通的問題。同時身體狀況亦會一天一天衰退，作為照顧者十分吃力，也為自己對被照顧者做得未夠好而產生無助和罪疚感。

長期照顧，令身心疲憊，精神緊張，容易變得焦慮、沮喪、情緒低落、脾氣暴燥，甚至向家人和被照顧者發洩怨憤，影響雙方關係。嘗試了解照顧者的心態，從而與照顧者建立良好關係後，對比你和他的家人，他會較願意與你分享難處。因你和他沒有密切關係，就不存在顧忌，擔心把自己的困難、憂慮、壓力宣泄給家人。即使實際上不能為他解決問題，但卻提供了一個讓他抒發情緒的平台。

與長者溝通障礙的因素

長者身體機能衰退，不良的聽力和視力都會造成溝通障礙。疾病造成的障礙，例如認知障礙、中風會影響長者思維和言語的表達。當患者表達有困難，未被對方明白時，我們不要表現不耐煩，否則給予長者挫敗感。所以要耐心聆聽和鼓勵長者慢慢表達。

長者的文化背景，如只懂以鄉下話溝通，個人的宗教信仰或對某些事情的忌諱、觀點角度的偏差和成見等，都可造成溝通障礙。

最後，留意你認為非涉及私隱的話題；在長者來說可能是私隱，他可能不願意和你交談。所以對長者的感受和反應要敏感，提供合宜的話題和溝通的場合。

溝通秘笈

每個人都是獨特的，要了解大家的差異，無論年齡、成長背景、角色、身份、期望、人生閱歷和階段都不同。因此溝通說話時，需要尊重對方，不要存在成見。

聆聽十分重要，多聽少講。聆聽對方提出的問題，聆聽對方的感受。溝通過程中可能遇到不知如何回應對方的時候，可以拍一下對方的肩膀、點點頭、一個適時的眼神交流或合宜的身體接觸，就是給與對方支持和接納。

又可以用「簡述意釋（paraphrasing）」的技巧來回應，意思是將他所講的說話作一總結回饋給他。例如有位長者申訴身體多處不適，經常失眠，藥物無效。你可以說：「陳婆婆啊，你睡不好，周身骨痛啊！令你唔開心，好困擾，對嗎？」雖然你沒有解決到她的問題，但她知道你在聆聽，明白她的感受。其實你沒有可能幫她解決所有問題，但卻是她最好的聆聽者。

大部份長者在接收訊息方面較弱，與長者溝通時訊息要清楚、明確和簡短。不要長篇大論，不可喧賓奪主。留意他們的身體語言，例如心不在焉，打呵欠或表現疲倦時，就要適時作結。其次要留意他們的情緒表現，是否觸碰到他的傷心處？不用太快阻礙他情緒的表達，如：「唔好喊（哭）啦！」「開心啲啦！」只要適時遞上紙巾便可以了。

在溝通的過程中，同理心比同情心更來得恰當。同情心是因對方的問題或苦況而表示傷心難過，而同理心則嘗試用對方的立場及想法看問題，接納他的想法和感受，不須急於作判斷。在溝通過程中是容許有沉默、思考和沉澱的時間。

先安心、後溝通。留意對方的限制，令對方看到你的嘴型和表情。當溝通時讓對方清楚看見你，如知道對方聽覺有問題時，可以詢問哪一邊耳朵聽覺較好，便靠近好的那邊說話。適時幽默能促進溝通效果，當氣氛有點僵硬時，幽默感會令問題變得圓滑順暢。

在稱呼對方時，「女」不一定婆婆、「男」不一定伯伯，可徵詢他／她喜歡別人怎樣稱呼，讓他們覺得被尊重。此外，以簡單名字稱呼作自我介紹，讓長者容易記得你。

「就地取材、投其所好」是打開話匣子的秘訣。因應當時的環境，對方的處境作開場白。如：「今日天氣凍咗……」「膝蓋仲痛唔痛……」。避免複雜的指示或用詞，尤其是認知能力較差的長者，有需要時可利用實物或圖片作輔助溝通。如遇到長者找不到適當用語；或應對出現困難時，不宜即時作出糾正，在適當時候幫他填補未完成的語句。以友善的身體語言回應，點一下頭表示明白、同意。說得好時，就加以讚賞。不用與他爭辯，謹記溝通目的在於關懷。

總結

要尊重長者曾擁有豐富的人生經驗和閱歷，不要把他們當作小孩般看待，要用成人之間的溝通模式。

尊重、接納、耐性是與長者及照顧者溝通所持的態度。每個人都是獨特的，要尊重個人價值觀和取向。明白他們的限制，尤其是患病的，要接納他們的狀況會一天比一天差，表達和溝通能力也續漸減退。要有愛心、耐性去聆聽他／她的心底話。

李樂詩攝影

「讀者自學」工作坊

李樂詩攝影

「問問自己：『我是否向前看的，並不執着退休前的地位……

我是否很自然地接受自己是退休人士……

我是否有信心建立新的身份、習慣和人際關係……

我是否仍然擁有可能會實現的夢想……』」

——李倩婷

退休後怎樣好呢？

「退休不是遲暮，只是人生過程的另一階段，亦不代表很多東西結束。我們應如何去計劃一個優質及有質素的退休生活呢？無論你的經濟情況、身體情況、學歷情況如何，我們仍然相信，只要能認清退休的事實及對退休生涯預作安排，任何人也可以過一個優質及尊嚴的退休生活。」以這個想法為基礎，資深護理照顧導師李倩婷設計了「塑造未來」工作坊，透過參與「退休心態」問卷及「元素標貼」習作協助3G同學「認清」、「接受」、「準備」去「成功活老年」。

「塑造未來」工作坊

李倩婷

註冊護士
僱員再培訓局及技能提升局培訓導師
「善寧會」「起居照顧員證書」課程導師

「塑造未來」工作坊第一部份，
請大家即時參與答問卷。

「退休心態」問卷

　　以下有一份二十題的「退休心態」問卷，請大家憑直覺選答，無需詳加思索，就依你這一刻真實感受選答就可以了。請在三分鐘內完成。

	不是	有些	是	不知道
（一）我是向前看的，並不執着退休前的地位				
（二）很自然地接受自己是退休人士				
（三）我覺得我對很多人和一些機構仍然是重要的				
（四）退休後我可以從很多活動中找到意義				
（五）我從自己的信仰得到慰藉				
（六）舊同事們仍樂於與我交往				
（七）我依然有很多可以交談和互訪的朋友				
（八）我有參加一個或多個團體的聚會				
（九）我退休後仍然十分忙碌				

（十）我對自己的健康保持樂觀

（十一）我預期我的餘暇可以去從事有意義的
活動

（十二）我滿意我的退休金

（十三）我對自己的財務狀況保持樂觀

（十四）我恆常運動並懂得照顧自己

（十五）我對自己有耐心並知道需要時間去接
受轉變

（十六）我有信心建立新的身份、習慣和人際
關係

（十七）我知道自己的前境將會隨着時間轉變

（十八）我仍然擁有可能會實現的夢想

（十九）我嚮往退休生活

（二十）為創造快樂的退休生活，我願意花時
間去閱讀及學習有關退休的知識

問卷做完後，請大家檢視自己二十題的選項，稍後可以反思究竟自己是否已經認清退
休的景況、已經接受退休的事實，並為自己的優質退休生活作好了準備。

「全人照顧」的理念

其實，退休生活，除了物質財富的準備，還有一些更重要的考慮。就讓我們嘗試用身（身體）、心（心理）、社（社交及人際關係）、靈（靈性），「全人照顧」的理念來探討我們是否真正認清、接受、「身」「心」「社」「靈」都作好準備了。

「身」

有健康的身體才能夠支持我們去計劃未來生活，但不是每一個人都會擁有百份百的身體健康。人到某一階段，會面對不同的病如血壓、血糖的偏差等。有些病是可以控制，但不能痊癒，我們要學習接受那些病為身體一部份，與病為伍。這樣不等於不積極，人就算有病，也要過正常人生活，保持一定的生活質素。 年紀漸長，身體自然會慢慢退化，我們要學習認識及接受，使身體的退化可以從急跌而變得慢慢地衰退。 身體健康規劃，包括適當飲食、有規律生活習慣、持恆運動及定期的健康檢查，都息息相關。

「心」

心情平安愉悅與身體健康的關係十分密切。每一天也會有不如意事，未能完全達到自

己的希冀。但只要能夠每一件事感恩，懂得珍惜擁有的幸福、健康及家庭，肯定自己過去對社會的貢獻，培養適合自己的興趣及嗜好，平安愉悅便不遠了！

「社」

活到老學到老，培養對新事物的興趣。如果可以在進修規劃上與年輕人一起學習，散發旺盛的活力和精神，人也覺得年輕一點。要將任何計劃付諸行動，與伴侶及家人的配合十分重要，他們的支持可令持久性增強。助人為快樂之本，要參與志願服務或成為「輔工」，主動去認識社區服務網絡如日間護理中心、家居照顧、老人院舍等。和睦鄰里及積極參與社區活動，保持活躍的社會及人際關係，為退休生活帶來充實與滿足感。理財方面，我們這一代已接受基金、保險和各種資產管理的方法，但不要人買我買，要偏向保守及小心作規劃，才可無憂地生活。

「靈」

生命的終結是不能避免的事實。安頓身後事及遺產規劃在現今已經不是一種忌諱的事情。不單是山墳、棺木等事情，而是為自己將來如何處理骨灰、器官捐贈等，做好準備，可幫助家人及下一代減少不必要的煩惱。

「塑造未來」工作坊第二部份，
請大家參與一個「元素標貼」習作。

「元素標貼」習作

　　每人手上有一幅圖（以 A3 size 為準），畫上了三個同一中心的圓圈，中心寫上了「自己」。圖中第（1）圈表示最接近自己、早已關注、已有足夠準備的；第（2）圈是距離自己較遠、不甚關注、未有足夠準備的；第（3）圈是距離自己甚遠、沒有關注、未有準備的；第（3）圈以外是與自己無關。

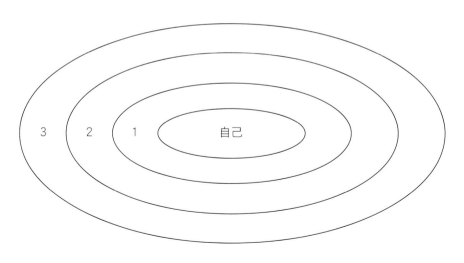

每人又另外有以下十二個「元素」標貼，分別寫上了為退休生活準備得更豐盈的元素。

良好的
配偶關係

活躍的
人際關係

有規劃的
生活習慣

定期
健康檢查

持恆運動

進修規劃

心情
平安愉悦

安排身後事

理財規劃

活躍的
社會參與

遺產規劃

適當飲食

習作指引

- 以「自己」為核心逐一檢視「元素」標貼，評估最設合形容自己現時情況的，就貼在適切的圈內

- 第（1）圈內貼上最接近自己／早已關注／已有足夠準備的元素（即現階段自己最關注／已實踐的元素）

- 第（2）圈貼上與距離自己較遠／不甚關注／未有足夠準備的元素

- 第（3）圈貼上距離自己甚遠／沒有關注／未有準備的元素

- 與自己無關的「元素」標貼，可放於第（3）圈以外

- 請按自己的實況評估，勿與他人比較

「元素標貼」習作做完後，請把自己的名字牌扣在右上角，拍一張照片存檔。在完成整個課程後，請大家再做一次這個習作，用來比較，看看大家的心態和想法有哪些改變。期望大家都能夠為未來的生活，準備得更充實。

李樂詩攝影

李樂詩攝影

何立人

3G「圓滿人生」輔工課程第4屆同學

業餘太極導師

「養生運動」工作坊

第四屆3G同學何立人是業餘太極導師。由第7屆開始主持「養生運動」工作坊。

為求向大家介紹一套完整、簡單、易學、易掌握又便利的健身功法，使大家學成後即時得益，何立人不吝把其師祖張修林大師的「太極十三字訣」功法，撮為簡易「養生運動」工作坊，與3G同學分享。

參考：
張修林著作《健身太極十三字訣》（張修林武術研究出版）。
內容據訣求質，揣摩實踐，貫徹功理，詳解各式動作並附圖解。

　　大家記得「養生與食療」的課程曾提及「養生莫善於動」，我們要經常活動才可以增強體力，提高抗病的能力，促進健康，延年益壽。此外，「靜則神藏」，一套「靜」的功法，是可以神藏。「淡泊虛無」，即是做的時候要達到淡泊虛無的境界，精神內守，這樣就有真氣，沒有病。養生方面，功法要注重陰陽協調、體用和諧，體是指形，用是指意，即是做的時候要形與意協調和諧。此外，還可以「怡情易性」，意思是把內心疑慮的思想焦點轉移他處。

　　太極拳是有系統的帶氧運動，主要鍛鍊臟腑、筋骨、神經系統、身體等機能的平衡運動，操練中可令腦神經得到休息。持恆練習太極拳，我們不會容易跌倒受傷，筋骨也會鬆一些，健康水平肯定會慢慢往上升。練習時，心平氣和，不想其他事情或生別人的氣，心態自然會不同，健康會好，是自然的效果。

「太極十三字訣」

　　現在介紹的就是源自張修林大師的「健身太極十三字訣」。怎樣做才是見效呢？做的時候有酸熱麻癢脹，經脈氣騰然的感覺，這是做這套功法的目標。在這情況下，血氣已運行，經脈已暢通，疾病自然就少。

依據「健身太極十三字訣」的歌訣演練：

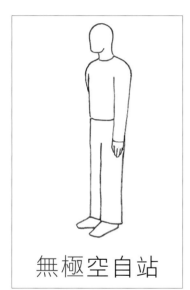

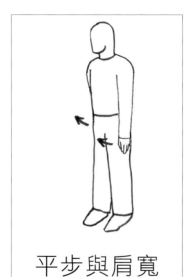

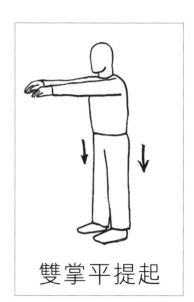

無極空自站

平步與肩寬

雙掌平提起

1. 預備式「無極空自站」
   站立着，甚麼事都不去想，
   不要亂動，空空蕩蕩地自立
   站着。

2. 「平步與肩寬」
   左腳向左平行開步，與肩膊
   同寬度，兩臂自然下垂，眼
   平視遠方（look far），脊柱
   中正。

3. 「雙掌平提起」
   提起雙手與肩平，以上是預
   備式。

蹲下如鬆鏈

托起仙人盤

捲指次第間

4. 蹲 ──「蹲下如鬆鏈」
全身縱向骨節如鏈節相似，一節一節鬆落，上身保持正直蹲下身體。

5. 托 ──「托起仙人盤」
雙手外旋，旋到手心向上，上體保持中正，兩腿蹬勁，上體慢慢升起，雙手要似托有一水銀珠，身體兩臂平伸定著，慢慢升起上來，中正安舒。

6. 捲 ──「捲指次第間」
把手指逐一捲起來，先小指內屈、繼而無名指、中指、食指，捲屈到掌心（拇指隨翻），兩手以腕為軸，向裏捲轉到拳心向外，慢慢舒展手指，兩手作立掌。

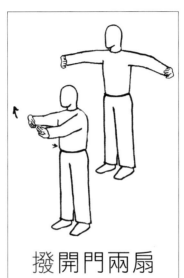

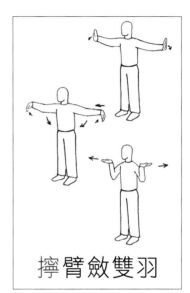

推倒連環馬

撥開門兩扇

擰臂斂雙羽

7. 推 ——「推倒連環馬」
   把手往外推，兩手前立掌。

8. 撥 ——「撥開門兩扇」
   兩手前立掌，盡量陡立，腕
   彎保持固定夾角，同時慢慢
   向內轉（掌心仍向前），轉
   至兩掌拇指向下，餘指尖相
   對時，微停後，雙手向左右
   撥開。

9. 擰 ——「擰臂斂雙羽」
   定着雙手臂，以腕為軸，擰
   轉雙手掌一小圈，兩手掌心
   向上，慢慢平托，收斂雙臂
   至肩內側。

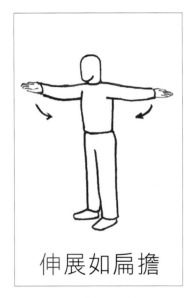

伸展如扁擔

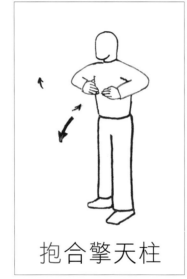

抱合擎天柱

按下腿不彎

10. 伸 ──「伸展如扁擔」
兩手平托向左右平伸，手心
向上，兩臂齊平。

11. 抱 ──「抱合擎天柱」
兩手由手心向上內旋 90
度，使拇指向上，掌心向
前，兩掌轉定，兩臂圓曲，
雙手互抱着，像抱着柱子
般。

12. 按 ──「按下腿不彎」
直腿彎下腰，雙手掌心向下
平行地面按向地面。

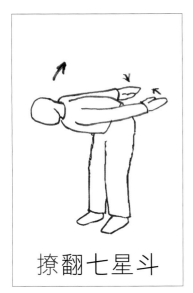

撩翻七星斗

正蹲插地間

舉劍戮天勢

13. 撩 ——「撩翻七星斗」
   雙手向後撩至腰間,手臂與
   肩同寬。

14. 插 ——「正蹲插地間」
   兩肘上提,兩手附腰背兩腎
   部,輕按。兩手順摩至兩腿
   側,手心貼着髖骨外側,蹲
   下把手直插到地面。

15. 舉 ——「舉劍戮天勢」
   提兩手前臂沿身體兩旁往上
   舉向天、經面頰往上引,腳
   跟離地,雙掌掌心相對往上
   伸展。

探後仰向天

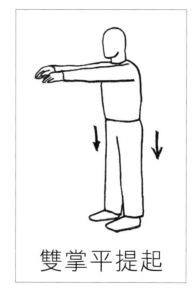

雙掌平提起

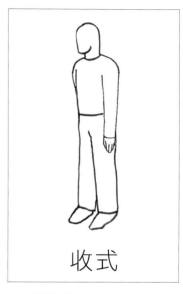

收式

16. 探——「探後仰向天」
    腳跟落地，踏實，雙掌外
    旋，掌心向前，雙手向後
    探，上體慢慢向後仰，以能
    感到前後平衡即可。

17. 如重複循環演練，不必垂手
    收式，而是兩手平伸，掌心
    向下。從「雙掌平提起」再
    開始。

18. 可重複 3、5、8、10、12
    次，以至若干次之後，垂手
    收式。

做完這套功法，你已經把四肢脊柱所有筋骨關節牽動一遍。做了這十三字功，手指、腳趾、腕、肘、肩、腰、髖、膝蓋、腳踝筋骨關節全都會牽拉一次，還有要扭動，即是拉長你的筋，聽來很簡單，只是十三個字的動作。

　　練習「太極十三字訣」時有甚麼要求呢？平衡站立、自然舒暢、脊柱中正，即是不要彎曲身子，不要垂下頭，要站得直直的。支撐八面，意思是要平平穩穩，體位骨架要四平八穩。呼吸自然，不要強求腹式呼吸，但不可用肺上葉作挺胸的呼吸，只要意識是用丹田（腹部）呼吸，經過慢慢練習後，自然就會達至腹式呼吸，水到渠成。配合動作，即是每一個呼吸都要配合動作，但是你完全不需要刻意，記住全部是自然呼吸配合動作。手形手法，嚴格規律，手形手法一定要到位。如果你到位的話，你的筋就拉盡，否則你的筋拉不盡。感覺肢體，你要慢慢感覺肢體動作，運作要鬆慢進行，全身要放鬆不懈，特別是手臂要放鬆。在放鬆而緩慢的運作中，才會有明顯的感覺。所謂感覺，是指手、掌心和手指，有一些酸熱麻癢脹的感覺，方是準確而到位。技法準確的動作是會自然發動經絡、按摩臟腑。長久堅持，易學速效，一定要堅持，就很快學懂。

　　十三字訣的特點是運動簡單，在任何地方也可練習的原地功法，可以激發經絡、按摩內臟、盡在內境，內境的意思是內在的東西；又可強益肌體、循環運動、次數不限、嚴謹準確，意思是動作要準確，例如拉平就要全拉平，不可只做一半，否則達不到效果；安舒自然，你做的時候要覺得很自然，所以我們只是用自然呼吸；動作緩慢，不用趕急地做、草率地趕着結束般，你慢慢地去感覺運動是怎樣的。學懂了「健身太極十三字訣」這套功法，要一直練下去。心態就是減低筋縮，十年後不會矮了很多，筋骨仍可活動自如。

「整理人生行李箱，檢視人生未了心頭事，帶來一些反思及啟迪，就讓我們嘗試以放開的胸懷、積極的態度去面對生命的局限，或會發現在有限人生，仍有遊走的空間，去與生命不同的可能性相遇。」

——鄭捷欣、馮比蒂

李樂詩攝影

馮比蒂（圖右）

註冊社工

「善寧會」前社區教育主任

鄭捷欣（圖左）

註冊社工

「善寧會」前署理教育項目發展經理

「人生未了心頭事」工作坊

人生就像一個旅程，由出生到今天，我們經歷了許多片段，當中有得着、亦有失去，現在整理我們的人生行李箱，看看我們會發現甚麼？

其中不少的得着，曾經推動或幫助我們過好的生活，其中也可能背負了不少「負面」的行李。這個工作坊就是引導我們檢視自己的「人生行李箱」，看看有甚麼需要重新整理？哪些需要放下？哪些需要保留？

「人生行李箱」反思習作

四份位圖表（四格）

	已擁有	未擁有
想擁有	I	II
不想擁有	III	IV

第 I 格：想擁有及已擁有的……

　　出生時我們赤身而來，但人生至此，我們得到了許多，包括寶貴的人生經驗、支援網絡、重要的感情及關係、才能、品格、知識、學歷等，你可曾數算你已在生命中所擁有的一切？試想想你在人生當中想要擁有的，並且已經擁有的是甚麼呢？

反思習作 請寫下你想擁有及已擁有的……

想擁有及已擁有的

_____

_____

_____

_____

選播一段歌曲

「誰會珍惜,當你還擁有?當要逝去,總想挽留……」(摘錄自流行曲《信》,翁倩玉主唱,電視劇《阿信的故事》主題曲)

討論 想擁有及已擁有的生活態度:活在當下——感恩 ・ 珍惜

・ 我們是否真的擁有?我們所擁有的一切,會失去嗎?

・ 對於已擁有的,切勿待其消逝時才去珍惜,要在擁有時記取珍重,活在當下。

・ 我們對自己所擁有的,是會漠視?還是會珍重?

第 II 格：想擁有但未擁有的⋯⋯

　　當生命繼續往前走，我們還有許多未成真的願望，可以是一次錯過的機會，一份理想的職業，一個很想實現的夢想，一個可以陪伴終老的伴侶，一個安枕無憂的物業，你可曾檢視自己的未了心事？

　　反思習作　請寫下你想擁有但未擁有的⋯⋯

想擁有但未擁有的

_____

_____

_____

_____

_____

選播一段歌曲

「但凡未得到，但凡是過去，總是最登對」（摘錄自流行曲《似是故人來》，梅艷芳主唱）

討論 想擁有但未有的生活態度：想像未來—— 願望 · 憧憬

· 未能擁有某些人生項目會不會不圓滿？我們希冀擁有的，還有實現的可能嗎？若預計將會一直未可擁有，又帶來人生多少的不滿足？

· 我們熱切希冀發生的，當然未必可擁有，卻反映了埋藏心底的期盼，這些憧憬為何牽動你心？

· 對自己想擁有但未擁有的，我們是繼續盡力追求，還是妄想強求？這些是我們的夢想、期望，還是必然的需要？

· 你是否還有未了心頭事？它們如何重要？為何重要？

第 III 格：不想擁有卻已擁有的⋯⋯

不斷流動的生命，所累積的卻未必一定是充滿正能量的體驗，也可以是耗費我們心力的遺憾。回望前塵，我們可有甚麼不想擁有，卻偏偏發生的不幸？

反思習作 請寫下你不想擁有卻已擁有的⋯⋯

不想擁有卻已擁有的

_____

_____

_____

_____

_____

選播一段歌曲

「你說你愛了不該愛的人，你的心中滿是傷痕，你說你犯了不該犯的錯，心中滿是悔恨」（摘錄自流行曲《夢醒時份》，陳淑樺主唱）

討論 不想擁有卻已擁有的生活態度：整理過去──遺憾‧悔恨

- 如果我們的人生沒有這一格，是否就變得十分美滿？

- 「人生不如意事，十常八九」，有時明明不願它發生的，偏偏在命中不斷打轉發生，這些可以是歷史巨輪的天災、人禍，亦可以是切膚之痛的悔疚和遺憾，更可能是影響每天生活的病患及壞習慣。

- 這些既成事實的磨難及纏擾，可曾於夜闌人靜時重壓在你心頭？

- 對於不想擁有卻已有的一切，這些事情會否完結？若是不可完結的，到底是現實真是不可能完結，還是我們不肯放開，甚至，不願意放開？

- 這些已有的困局，對你的人生有何影響？

- 這些影響都是負面的嗎？可曾有一些，是讓你生命再不一樣，甚至激勵你活出精彩？如果，在生命檔案中真的刪去此人生部份，結果又是如何？

第 IV 格：不想擁有亦未擁有的……

生命中還有這麼奇妙的一格，是我們不想擁有，亦未曾擁有的，當中可以包括一些慶幸，例如慶幸自己沒有於戰亂時代出生，出生時安康健全，智力正常；亦可以包括倖免於一些禍害及難過，例如父母可以壽終正寢、死於高齡讓我們得盡孝道。這部份是我們很少想及的幸福，卻也着實是生命餽贈我們的厚禮。

反思習作 請寫下你不想擁有亦未擁有的……

不想擁有及亦未擁有的

_____

_____

_____

_____

選播一段歌曲

「年月把擁有變做失去，疲倦的雙眼帶着期望」（摘錄自流行曲《光輝歲月》，Beyond 主唱）

討論 不想擁有亦未擁有的生活態度：擁抱生命的可能性——慶幸 · 倖免

· 這部份是否很少想及的幸福？現在未有的那些不幸，也許正在來臨⋯⋯

· 未曾來臨的不幸，可不代表它永不發生，甚至，你我可以想像它的來臨，或者期待它的發生。

· 也許，現在我們仍是健步如飛，但隨着歲月的消磨，有一天，我們或需倚仗而行，需要承受衰老所帶來更多的挑戰。

· 也許，現在我們的至親尚健在，但有一天，你我皆可預期死亡將為完整的家庭添上缺口。

· 面對不想擁有亦未擁有的種種不幸，你我會選擇逃避，還是迎向人生，甚至會盡力積極準備？

完成四格反思習作

經過四格的反思，你的人生行李箱是滿載歡欣，還是飽歷滄桑，或苦樂參半？

面對生命的各種恩惠與限制，你是否一位很執着的人？你有甚麼最難以放開的心頭事？

總結：向前邁進

生命的難處及精彩，在於它的不可操控及沒有限制，縱然我們只可選擇迎向生命的洪流，我們仍然可以決定放下多少，又執着多少。你是一位很執着的人嗎？放開，可以是人生走到這一步的選擇，是一個可能性嗎？

以下嘗試列出論點，檢視放開的好處及不放開的壞處：

放開的好處	不放開的壞處

整理人生行李箱，檢視人生未了心頭事，帶來一些反思及啟迪，就讓我們嘗試以開放的胸懷、積極的態度去面對生命的局限，或會發現在有限人生，仍有遊走的空間，去與生命不同的可能性相遇。

整理行李箱的三步曲：

1. 認知限制，接受現實
2. 細曾感受，承載經歷
3. 轉化所限，尋索出路

願景

以另一些角度來看人生未了心頭事，我們不難達致以下願景：

（一）知足珍惜	（二）盡力實踐
（三）平和接納	（四）積極預備

結語

現在鼓勵各位執拾行李，繼續上路，越走越起勁。

千里之行，始於足下，任何時間起步，都不會太遲。

本工作坊的構想來自劉遠章、陶兆輝著（2006），《贏一場人生——助人提升的 42 種教練規律》，香港：明窗出版社有限公司;及麥漢勳牧師（2010），課堂《人生十問之學習放下》，香港:中華基督教會灣仔堂。

李樂詩攝影

「回到未來」工作坊

舒詠儀
香港東區婦女福利會
「伍少梅護理安老院」前物理治療師

「回到未來工作坊」（Back To The Future）的概念源自「為 Do Good 作準備」。「3G 圓滿人生」輔工課程有實習部份，安排學員往探訪年老長者，做輔工 Do Good。這個工作坊是一次體驗式學習（Experiential Learning）。目的是讓參加者「回到未來」，透過扮演年老長者，親身體會行動不便的感受，為自己老化作好心理準備。

〔工作坊原創者及主持人為「基督教家庭服務中心」資深社工陳潔玲及周淑瓊。〕

工作坊分為四節進行

第一節

邀請所有參加者做思想準備，透過閉目冥想練習，想像老年時意外跌倒的經歷，導致需要用輔助行動器材。

第二節

介紹各種輔助器材並講解使用方法。隨後向參加者個別派發枴杖、腳叉、助行架、輪椅等，即時學習使用。

第三節

參觀服務單位／長者院舍，對年老長者的生活處境有更深切的體會。所有參加者必須扮演年老長者，全程使用派發的輔助行動器材，體驗感受。

第四節

參觀後透過小組分享，讓參加者抒發其感受，並引導他們接受老化過程，及為自己未來的日子準備行善積德（Do Good）。

以下是東區婦女福利會「伍少梅護理安老院」物理治療師舒詠儀的表述。

我想大家一會兒嘗試一下，實際上感受使用助行器時有甚麼感覺，或者是否感受到使用者的困難。

首先問一條 IQ 題：甚麼動物是小時四隻腳，大時兩隻腳，再大時三隻腳甚至六隻腳的呢？是人。為甚麼六隻腳？只是因為以前拿枴杖，現時我們多了很多助行器，有四腳叉助行架，這樣加起來就六隻腳了。有沒有想過為甚麼年紀大了，開始需要助行器，變成三隻腳、六隻腳呢？老年人最重要是活動能力，當中很重要的是行路時的穩定性，行得不好就怕他們會跌倒弄致骨折，很多老年人因此由過往可以活動自如、外出逛街、喝茶完全沒有問題，但骨折後就變成要困在家中，需要別人照顧。老年人的活動能力和行路穩定性下降後，我們就會利用助行器材幫助他們行得穩定些、好些，維持他們獨立的活動能力，不希望他們這樣快就需要依賴別人。

甚麼原因行不穩呢？

第一是年紀大，機器就會慢慢壞，反應、速度、平衡力、甚至是手腳的力，都會慢慢減退。

第二樣是關節痛。很多老年人關節退化，最簡單的是膝蓋、腰骨、頸骨、肩膊、手指、腳趾、腳眼，這些地方的關節全都可以退化，退化的徵狀最先是沒有力，接着是痛。很多老年人可能同時跟你說頸痛、腰骨痛，再加上膝蓋痛，三個地方一起痛，要是這樣，真的連站起身也很困難的。

第三是很多老年人容易覺得暈。首先是因為血壓，有些可能在醫院躺在床上然後起床會覺得頭暈，這是因為低血壓；另外，有些老年人因內耳系統有問題，耳水不平衡，是耳退化，所以三時五刻就覺得頭暈。很多老年人就是站起身那一刻會暈，再加上老年人本身已經平衡得不穩定時，就更加嚴重。此外是感覺受損，視覺、觸覺對我們的平衡很重要，試試閉上眼睛走路或摸黑走，也會發覺須要慢慢行，不太敢走動；再加上老年人感覺腳部麻麻痺痺的，有這樣的情況時，踏在地上時不會覺得地面是堅硬的，會覺得不穩的，這些都會影響了老年人的平衡力。老年人中風後、患上柏金遜症、跌斷骨，都會令到他們行得不好，心臟病和慢性肺病都會引致步行不便。

老年人的四個朋友

多數老年人的第一個朋友是柺杖，沒錯，很多人是先用傘子的，當傘子也不太可靠時，就使用柺杖。這第一個朋友適合平衡力和能力稍弱的人，即是只是用柺杖來借力。譬如有

個老年人左邊身中風，他應該用左手還是右手拿枴杖？應是右手拿枴杖。假如左邊膝蓋痛呢？用右邊。正確是用好的一邊拿枴杖的。大家想想地面面積大，就會行得穩些；如果拿另一邊，壞腳已經不太穩，地面面積會細很多，面積愈大走路就愈穩。有些比較有力的老年人，可能會這樣一步一步行，我們稱之為兩點法；有些較差的，就會「枴杖、壞腳、好腳」，即是分三步來行。

枴杖是可以調校的。拿着枴杖放在身邊，手有些微彎曲就可以了。如果放至胸旁就太高，有些短至大腿位又太矮了。有些老年人行路時，把枴杖打斜用，會較危險，地面濕滑時，很容易順勢跌倒，所以枴杖最好是垂直的。

老年人的第二個朋友是腳叉。尤其是有些中風的老年人，通常都會用四腳叉，它比枴杖穩得多，底部大約是一尺乘以大半尺，加上中風後通常只會有一邊手可以拿枴杖，一定要用腳叉。它的使用方法一樣，同樣是「腳叉、壞腳、好腳」。要垂直使用，而且腳叉不要放得太遠，令步伐太大，行一步有多遠，腳叉就放多遠。

如果枴杖和腳叉也不足以應付時，就出動第三個朋友——助行架。行路時，用它是最穩的，因為它的框很大，適合平衡力和體力欠佳的長者。它很穩，有些老年人跌斷腳，我們會教他行路時，用手按着架，然後「架、壞腳、好腳」，他們靠雙手，基本上穩得多。很多時候，婆婆喜歡在架上掛滿一袋袋東西，但其實是不好的，掛滿東西時，她們的手不夠力，提起架時，架前方因聚力而向前傾，就會絆倒她們。

有輪的助行架深受婆婆歡迎，雖然它稍為重，但是她們不用提起架，所以很開心，可以節省很多氣力。它的使用步法一樣，推一步架，然後「壞腳、好腳」，有些比較有力的，則可能會推着行走。對那些肩膊痛、手痛或是手力不夠的老年人都適合使用。柏金遜症患者尤其合用，因為柏金遜病人的徵狀一是開動不到，一是停不到，即是第一步很難行，起行後要他停下來又很難。可是它有一個壞處就是較難控制，如果控制不到，就會整個人向前「飛」。

介紹最後一個朋友，如果老年人用助行架也行得不穩，只好用輪椅。對一個老年人來說，能夠維持自己的活動能力是非常重要的，假如前往如廁也需依靠別人時就不會太開心；我們很多時會讓行得不穩或是外出不夠力的老年人，由照顧者提供輪椅服務。停定輪椅時，照顧者要注意把兩邊的掣鎖緊，站起來時一定要拉起踏板；推輪椅的時候，注意坐下來要收起雙手。外出逛街、落梯級時要背向着落，不要面向前面推落。上梯級的時候，照顧者要腳踏着輪椅後面的踏扳，然後雙手按着兩邊把手，順勢將輪椅提起。

介紹完老年人的四個朋友，枴杖、腳叉、助行架、輪椅之後，請大家各自用獲發的輔助行動器材學習使用。

稍後我們會邀請大家參觀（本會）長者院舍及服務單位。大家要扮演年老長者，全程用輔助行動器。參觀完畢，我們舉行小組分享，講講感受及反思。

讀後體驗

　　各位讀者也可以嘗試扮演老年長者，用行動輔助器材去行一段路，親身感受老年體弱行動不便時每日要面對的困難。

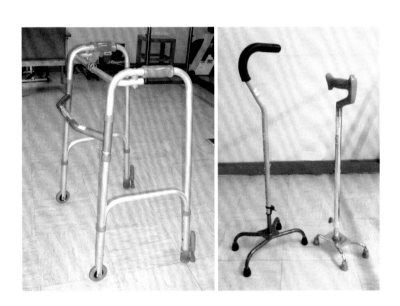

李樂詩攝影

反思習作 請寫下你想擁有及已擁有的⋯⋯

想擁有及已擁有的

_____

_____

_____

_____

_____

選播一段歌曲

「誰會珍惜,當你還擁有?當要逝去,總想挽留⋯⋯」(摘錄自流行曲《信》,翁倩玉主唱,電視劇《阿信的故事》主題曲)

討論 想擁有及已擁有的生活態度:活在當下——感恩 ‧ 珍惜

‧ 我們是否真的擁有?我們所擁有的一切,會失去嗎?

‧ 對於已擁有的,切勿待其消逝時才去珍惜,要在擁有時記取珍重,活在當下。

‧ 我們對自己所擁有的,是會漠視?還是會珍重?

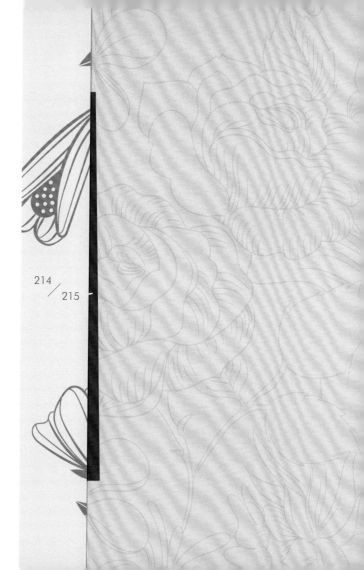

望，可以是一次錯過的機會，一份理想
的伴侶，一個安枕無憂的物業，你可曾

李樂詩攝影

社區對長者及護老者的支援

秦嘉明

「香港老年學會」註冊社工

當你突然面對家中長者身體情況及

自我照顧能力轉差，

護老者徬徨無助時可以向誰求助？

又有甚麼支援服務可以協助護老者？

護老者支援

一般大眾市民可能認為社區支援服務只是幫助沒有親人的長者，其實有家人的長者，亦可按需要申請相關的社區支援服務。我們所指的「護老者」，可以本身是長者的親人，例如是子女、親人、鄰居、或者是菲傭、印傭。許多護老者可能身心疲累，要照顧體弱的長者同時又要顧及自己本身的工作或家人，導致力不從心。有些護老者可能缺乏對疾病的認識、護理技巧，故亦不懂得怎樣教導家中的傭人如何照顧體弱的長者。

除了欠缺護老知識外，有些家庭可能只剩下年長夫婦互相照顧。但當主要護老者亦是年紀老邁、患有多種長期病患的話，還要照顧另一位更體弱的長者便會變得更困難了。因此，社區支援服務就可協助有不同需要的體弱長者以及他們的護老者，讓長者及護老者安心在社區居住，亦可紓緩護老者的壓力。

安老服務統一評估機制

為貫徹「老有所屬」及「持續照顧」的施政方針及精簡申請服務程序，社會福利署於2003年實施長期護理服務中央輪候冊，集中處理為長者而設的受資助長期護理服務的申請和服務編配。在中央輪候冊之下，社會福利署提供一站式的統一登記及評估，為長者申請人輪候及編配受資助的長期護理服務。在「安老服務統一評估機制」下，認可評估員會

採用一套「長者健康及家居護理評估」工具，就長者申請人的自我照顧能力、身體機能、環境危機以及應付日常生活的能力方面作全面評估。最後，會因應評估結果及長者的需要而輪候相關的長期護理服務。

有需要的長者或其家人可因應長者情況而到相關部門申請作統一評估。舉例說，假若長者於醫院留醫，可找醫務社工申請；若長者居於家中，則可到所屬地區的長者地區中心或長者鄰舍中心申請；目前已無法於家中照顧並已入住私營安老院的長者，需要申請輪候政府資助院舍的話，可到區內綜合家庭服務中心申請作評估。整個申請過程，會由接獲查詢的負責社會工作員先作家訪，進行初步評估，了解申請人之情況，若合資格的申請人便需簽署申請表，負責的社工會正式作轉介，入表申請作統一評估。

評估結果若顯示長者有護理需要，即身體機能為中度或嚴重程度缺損，便可申請合適的資助長期護理服務。社會照顧服務包括長者日間護理中心服務、改善家居及社區照顧服務、綜合家居照顧服務（體弱個案）。此外，院舍服務包括護理安老院舍及護養院舍。

日間護理中心服務

長者日間護理中心服務包括：（一）復康運動，有物理治療師評估長者的活動能力並安排合適的復康運動予長者。（二）個人照顧，提供兩餐膳食：午餐和下午茶。（三）個

人基本護理。（四）護老者支援服務。（五）健康教育。（六）輔導及轉介服務。（七）社交及康樂活動，例如打麻將、看大電影及為老年人提供一些簡單的社交活動。日間護理中心會有復康車接送長者往返中心，護老者亦可替長者安排接受服務的次數，如一星期到中心三天或星期一至六都接受服務。

暫托服務

如果長者剛出院，但家人暫時無法照顧，可以選擇使用日間暫托服務和住宿暫托服務。基本上，全港受資助的日間護理中心都設有日間暫托服務。有需要的話可直接致電日間護理中心，查詢是否仍有名額，又可以透過醫院社工或長者地區中心的社工代為申請查詢。

有關住宿暫托服務，基本上，全港受資助的安老院舍都可以利用空置的宿位，提供短暫的住宿服務。香港有十一間資助安老院舍有指定的名額給住宿暫托，有需要的護老者可到社會福利署的網頁查閱。

長者每年可使用住宿暫托四十二天，但不需要連續住宿。

綜合家居照顧服務及改善家居照顧服務

綜合家居照顧服務，最常使用的有送飯、陪診等服務，一些普通個案，即身體機能沒有甚麼受損或輕度受損的長者，可以申請綜合家居照顧服務。至於評定為中度或嚴重受損的長者，由於比較體弱並需要較多的護理服務，個案則會落入體弱類別，會增加對家居環境安全評估，復康運動、特別護理等。

改善家居照顧服務基本上跟綜合家居服務的體弱個案一樣，可是綜合家居照顧服務只提供服務予體弱長者個案。

這些服務全部是按次收費的，每次按鐘計算，根據社會福利署指定的收費，分三級收費，按長者及家庭收入計算，詳情可向各綜合家居照顧服務隊查詢。

腦退化症狀服務

香港現時也有專為患有腦退化症的長者提供日間護理、短期住宿和家居訓練等服務的機構。如位於沙田的賽馬會耆智園。

很多時腦退化症的老年人沒有決斷能力，所以社會上存有監護令。我們可以替患有腦退化症的老年人申請，香港有監護委員會頒發監護令，幫助那些精神上沒有決斷能力的人

委任監護人。這些監護人不一定是他的子女，也不一定是直系親屬；而是經由醫生、律師和社工提交所有評估報告，評定某人是否合資格或合適做監護人。他的監護人有時候會是長者的家人，或有機會是社會福利署的社工。

家居環境改善計劃

2008 年政府為了改善長者的生活環境質素，推出了長者家居環境改善計劃，幫助一些經濟能力較差的長者。環境改善計劃使長者擁有較佳的生活環境，提升家居安全。這是一個為期五年的計劃，只要是六十歲或以上的香港居民，獨居人士，或是兩位都是六十歲或以上的長者，如居住環境欠佳，都可以申請，但有入息限制。有些經濟較為拮据，無論是獨居或兩老同住的長者，都可享有很多大型公共企業的長者優惠計劃。

法律諮詢服務

很多時長者都有法律諮詢的服務需要，例如被人侵吞財產、虐待等，都很需要法律上的意見。除了法律援助署外，香港律師會亦提供免費的電話法律諮詢，聖雅各福群會亦有一條電話熱線，救世軍和香港老年學會也有長者支援中心，如有需要時可到中心查詢。

李樂詩攝影

李樂詩攝影

簡介

3G "Look Good" 之「優雅的儀容」工作坊，邀得到三位國際知名的香港第一代專業時裝設計師及形象顧問作導師：文麗賢、鄧達智、楊遠振。一直以來他們三位都是走在國際時裝潮流的尖端，閱歷廣闊深厚，經他們塑造形象的當今知名人士，多不勝數。

工作坊的第一部份是講課，內容主要是三位「大師級」形象顧問分享他們多年心得，提供「多元素」的參考，讓退休人士 "Look Good"。

工作坊的第二部份是「互動形式」（interactive）的「個人點評」。每一位同學個別在課室中央面對面接受導師的點評及提問（包括髮型、眼鏡、身形、服飾搭配、重新選衣服顏色等）。

三位大師級導師各有風格及獨特見解。

「優雅的儀容」工作坊

文麗賢

崇尚的風格是來自個人的修養，跟得上潮流而不落俗套，永遠保持優雅的儀態，大方得體。她認為退休人士最適宜穿「帥氣便服 smart casual」打扮，金科玉律是四合：「合身、合身份、合場合、合時間」。

鄧達智

崇尚的風格是簡約中見品味，他建議退休人士的衣服首要從顏色系列開始，先挑選「本色」，再添其他「點綴色」；為注意身體健康，選衣料也重要，是天然織物或是人造纖維；為人身安全，他特別提點注意背包和鞋履。

楊遠振

崇尚的風格是着重配搭，營造個人的品味，對服飾怎樣配合一個人的身形，很有獨到的見解。退休人士要提升形象，注意要包括髮型、眼鏡、衣服的顏色及長度、飾物的配搭等。

3G 同學依據聽課筆記，總括了三位「大師級」導師分享的心得，提供以下的撮要：

頭髮

髮型影響樣貌，你想看上去老十年還是年青十年，你想令人感覺到你很清新還是很疲倦，髮型是很重要的。

人年長了，面龐比以前飽滿了、頭髮稀疏了，長髮不太適合。可考慮 shoulder length（及肩長度），比較易打理，有需要時可往後束着，或繞髻，既乾淨利落，又大方得體。

長頭髮會增加頭部的負擔，頭髮分界的地方會漸漸變禿，短的頭髮會令頭髮更加健康，又容易打理，人們望上去會感到很清爽。

找個技術好的髮型師，剪個帥氣短髮，令人看起來精神些、年輕些。

過了中年，會出現白頭髮。假如白頭髮很參差，頭髮灰白，望上去使人有一種陳舊的感覺。倒不如染染它，而且望上去自己也會開心很多，別人望你也同樣會感到開心。做 smart 的 "highlight"，會使頭髮多些光澤。

男士們，頭髮漸稀疏，前額髮際向後移，或出現「地中海」。建議剪 crew cut（平頭

陸軍裝），如果頭髮真的所剩無幾，那就乾脆把頭剃光，光頭也可以很型格。戴 hair piece（假髮）也可考慮，重要的是細心挑選自然的、適合自己的假髮。

皮膚

護膚就是洗臉清洗得乾淨，以及洗臉後用一些護膚品加以處理。當然睡眠也是重要的，睡眠不足，喝水不夠，又假如排泄功能不好，皮膚一定相應不好。

有需要時不妨做 facial（面部護理），人自然會精神爽利。皮膚太乾燥，縐紋就出來了，面上也忌油膩膩的，讓別人覺得你髒髒的、很疲憊的樣子。

男士不化妝，但也需要保養皮膚，每天都用 cream（護膚膏）。不要限定只用某一牌子的產品，因為會令皮膚習慣了，逐漸變得失去效用，或已經不會再吸收，不會再對皮膚產生好的效果。

注意要用防曬護膚品，因為香港的太陽很猛烈，很容易就會出現斑點。每一位男士外出時最好攜帶面油紙，整塊臉都滿是油光，看來很油膩，不太乾淨；最好用面油紙吸去。

女士別說退休後就不需要化妝。最主要就是眉和嘴唇。輕輕地塗上唇膏，望上去會顯得精神些。平時化妝主要以淡為主，要出席晚宴才適當地化較濃的妝。最主要的也是要護膚，包括防曬，因為女士的皮膚更容易出現斑點。

衣著

打扮簡單是很重要的，尤其是長者，千萬不要穿複雜的衣服。

選衣服要合身份、合場合、合時間，最重要是合身、整潔和舒適，衣服講究剪裁（cutting）和質量，雖然不一定要買名牌或貴東西，但典雅衣著風格講求貴精不貴多，少買一些，集中資源選購品質好的服裝。不要貪求便宜的就去買，到了這樣的年紀，穿的衣服要選些質料較好的，不要選很容易變形的，雖然價錢是便宜，但只可穿兩次，根本就不值得。

很多人買現成的便服恤衫往往即時穿上身，卻發覺衫身很長，遮貼臀部，顯得身長腳短。最好是依自己的身高及腰位把衫稍為改短才穿著。

每個人購置衣服應分開四大類，運動服裝、日常衣服（day wear）、cocktail（雞尾酒會），或者晚宴服飾。

穿衣服其實有 basic（基本色、底色）顏色。主色就是 basic 的顏色；然後配 highlight 的顏色，即是「點綴的」顏色。儘可能選擇 basic 的色沉一些，儘可能不要太花巧，然後再在上面加其他顏色。例如把一條黑白色的頸巾，配襯在一套黑色的衣服上，會顯示出整個風格。

挑選衣服時要看物料，物料是很重要的。分為天然物料，包括絲、綿、麻、羊毛、皮革；另外有些人造纖維衣料。現今人造纖維可以透風、排汗，加上輕，不會皺、容易處

理、不需要用熱水洗滌、不需要乾洗、不需要燙、清洗後很快乾。冬天穿毛衣，盡量穿選 cashmere（茄士咩）。無論怎樣，皮膚接觸衣服，如果物料跟皮膚不配合，會覺得衣服黏黏的、不舒服。一個最容易的測試是用手擠壓衣服，過一會兒後看看手熱不熱，如果很快發熱的話，這件衣服一定不好穿，因為它膠質重。

退休人士已經沒有工作壓力，又有多些時間休息，或已是更年期，身形會轉變，最好是多些運動。退休後，應給自己定一個時間表，不要喜歡睡到甚麼時候就睡到甚麼時候。那天約了朋友吃午餐，才起床去吃午餐，這是很錯的。外出閒逛，有少許運動，看不同的事物，也可令心情開朗些。

不用上班，又少了工作上的酬酢，衣著可以輕鬆一點，但仍需保持整潔醒神，"Smart casual" 最適合退休人士。不過無領 T 恤、背心、短褲、cargo pants（巨袋褲），運動服，拖鞋等等，都太 casual（隨便）了，不想遭到歧視便要注意很多場合都不適宜。

女士往往不顧自己身形，衣服穿得下就覺得好 "fit"；可能沒注意到，從後面看是一截一截的，其實很難看。現時女士很流行穿一條窄的 legging（襪褲）以及一個 tunic top（直背心短裙），那麼上衣一定要長至可遮蓋臀部，上衣不可太短，因為太短的話，留心照照鏡子，就會發覺是非常難看的。

如果多注重衣著，建立自己的個人風格，別人見到你穿得有型又整齊，會很受尊重的。穿衣之道：是要懂得在甚麼場合，穿甚麼衣服，才是最重要的。

配袋、背包

現時很流行配袋，長者很多時需要放很多物品在袋裏：外衣、帽、雨傘、水壺，樣樣都有。要選擇一個耐用的、輕的，以及保險的袋。女士購買手袋是可以令人開心的事；所以選擇款式時，盡量選一些 cute（可愛）些的、甜美些的款式，這是無可厚非的，挽着它自己也會開心。男士也一樣可以挽袋，例如背囊、斜揹袋，都是很方便。男士往往因為很多東西放在褲袋裏，有時把東西拿進拿出時就會丟掉。

鞋

鞋是全身打扮另一個很重要的部份，除了款式和尺碼適合之外，還要留意它的底部是否溜滑。如果鞋底是易滑的，那很容易出事。鞋也是另一個打扮亮點，穿的鞋美麗，更加能突顯所穿的衣服；選一對適合的鞋很重要，考慮顏色、款式、飾物各方面的配襯，因為一對好的鞋是貼身的享受。

附錄

3G 二十屆同學錄

第一屆

第二屆

第三屆

第四屆

第五屆

第六屆

第七屆

第八屆

第九屆

第十屆

第十一屆

第十二屆

第十三屆

第十四屆

第十五屆

第十六屆

第十七屆

第十八屆

第十九屆

第二十屆

3G 同學輔工活動

「善寧會」簡介

　　善寧會是香港政府註冊的一個慈善團體。自 1986 年創會以來，善寧會積極推動香港寧養服務，並提供其他多元化的服務，包括寧養及紓緩服務、家居照護、日間照護、善別輔導，以及加強社會對寧養服務的關注和有系統地培育護理人員與義工等，並且鼓勵公眾參與有關生死課題的討論，從而學會欣賞生命的本質及周遭的人和事。

具前瞻概念的寧養中心

　　全新的賽馬會善寧之家坐落於沙田亞公角山路，由善寧會成立，是一間擁有前瞻概念的寧養中心。中心重視晚期病者在人生最後的旅途上，能夠保有身體、心靈與生活的質素，並藉着現代化的寧養模式，協助晚期病者及家人以正面及積極的態度，透過愛與關懷來面迎人生，竭力讓他們在最少的痛苦下、有尊嚴地活出生命的最後光輝。

以家庭為中心的照護服務

賽馬會善寧之家以病者的家庭為中心，由個案經理以一站式的方式，協助病者控制病徵，紓緩情緒，提供全天候、全方位及個人化的寧養紓緩服務，妥善照顧晚期病者及家人的需要。善寧之家的住院服務，配備有 30 間設備齊全、隱私度高的家居式入住單位，環境清幽，綠意盎然，為有緊急或特殊紓緩照護需要的晚期病者提供短期安心寧養之所。如他們希望在生命的最後階段留在家中，中心的家居紓緩照護服務，將按病者及家人的需要，定期進行家訪，並透過 24 小時的電話熱線協助病者和家人。中心的日間照護服務，亦為須偶爾離家尋求徵狀紓緩的病者，按病者個人能力和興趣設計不同的輔助支援活動，或藉着與其他人士的互動，紓緩身心的不適。

Society for the Promotion of Hospice Care

地址 Address: 香港沙田亞公角山路 18 號
No.18, A Kung Kok Shan Road, Shatin, Hong Kong
捐款熱線 Hotline: +852 2331 7033
傳真 Fax: +852 2336 2776
電郵 Email: frp@hospicecare.org.hk
網頁 Website: www.hospicecare.org.hk

請捐款支持善寧會
I would like to support the Society for the Promotion of Hospice Care (SPHC)

請以正楷填寫下列表格，並寄回或傳真至善寧會，以便本會發出捐款之正式收據。
Please complete the form and return to us by post or by fax for the issuance of official receipt.

☐ 每月定期捐助 **Donate on a monthly basis**　　☐ 一次過捐助 **Make a one-off donation of**
港幣 HKD ☐$800 ☐$500 ☐$300 ☐其他 other $ _____　港幣 HKD ☐$1500 ☐$800 ☐$500 ☐其他 other $

捐款用途 Donation Purpose(s)
☐ 由善寧會分配 Any programmes of SPHC　　☐ 賽馬會善寧之家 Jockey Club Home for Hospice
☐ 善別輔導 Bereavement Support　　☐ 教育 Education　　☐ 其他 Others:

捐款者資料 Donor's Information

先生 Mr. / 小姐 Ms. / 太太 Mrs. / 其他 Others:

姓名 Name	(中文)	電話 Phone
	(English)	
地址 Address		
電郵 Email		捐款人編號(如有) Donor No. (If any)

捐款方法 Donation Methods

☐ 網上捐款 **Online Donation**
（請前往 Please go to http://www.hospicecare.org.hk）

☐ 劃線支票 **Crossed Cheque**　支票號碼 Cheque No.:
（抬頭請寫「善寧會」Payable to "The Society for the Promotion of Hospice Care"）

☐ 直接存入本會銀行戶口 **Direct Transfer**　匯豐銀行 HSBC 002-3-365638
（請寄回或傳真銀行入數紙至善寧會 Please send the bank-in slip to SPHC by fax or by post）

☐ 信用咭 **Credit Card** #　☐ Visa　☐ MasterCard　☐ American Express
持咭人姓名 Cardholder's Name :
信用咭號碼 Card No : | | | | - | | | | | - | | | | | - | | | |
有效日期至 Expiry Date (mm/yy) : ___ / ___

持咭人簽署 **Cardholder's Signature** # :

本人授權善寧會由本人之信用咭內扣除上述指定金額作定期或一次性捐款。每月捐款授權在本人之信用咭有效期過後及發出新卡後仍繼續生效，直至另行通知。
I hereby authorize the Society for the Promotion of Hospice Care to debit the amount specified above from my credit card account on a monthly or one-off basis. The authorization for monthly debit will continue after the expiry date of the credit card and with the issuance of a new card until further notice.

☐ 本人需要捐款收據 I require donation receipt

通訊 Communication

你的個人資料將保密處理，並只供作行政、發出收據及通訊用途。Your personal data provided herein will be kept strictly confidential and used only for the purposes of administration, issuance of receipt and communication.

善寧會將透過郵件或電郵，通知閣下有關本會各籌款項目及活動的最新情況。
SPHC will provide promotional materials about our programmes, events and other initiatives by means of emails or mails.

☐ 本人同意 I agree　/　☐ 本人不同意 I do not agree

接收善寧會資訊，及讓善寧會使用本人的個人資料作上述用途。
to receive promotional materials from SPHC and use my personal data for the above-mentioned purpose.

衷心感謝您為「生命賦意義」！
Our utmost thanks for your "ADDING LIFE TO DAYS"!

鳴謝歷來各位講師、學者、導師、嘉賓講者、贊助者的支持

陳麗雲教授	麥秋先生	譚寶碩先生	Professor Prabis	鄧達智先生
梁萬福醫生	勞思傑醫生	梁沈賽文女士	關俊棠神父	釋衍空法師
陳潔玲女士	周淑琼女士	盧景笙先生	余愛玲女士	袁家慧博士
李倩婷女士	梁智鴻醫生	郭烈東先生	方玉輝醫生	文麗賢女士
梁頌名教授	陳黃慧筠女士	劉成業先生	伍錫洪教授	關錦勳先生
唐健垣博士	鄭生來神父	楊遠振先生	陳丘敏如女士	鄭捷欣女士
馮比蒂女士	戴樂群醫生	陳子洋先生	舒詠儀女士	伍黃麗華女士
班黃禮慈女士	黃汝璞女士	林麗鈿女士	劉啟樑先生	唐彩瑩女士
陳錦良博士	羅國輝神父	郭鐵華女士	何立人先生	廖志玲女士
秦嘉明女士	鄺迪熙先生	李樂詩博士	沈茂光醫生	莫俊強醫生
林冠傑教授	鄺月梅女士	梁榮能教授	譚鉅富醫生	莊明蓮博士
陳佩清女士	翁麗女士	宗家沛先生	天主教教區陳志明副主教	

基督教家庭服務中心 養真苑　　　　　　　　上水鳳溪護理安老院

黃鳳亭 頤安苑護理安老院　　　　香港東區婦女會福利會 伍少梅安老護理院

律敦治醫院日間紓緩中心　　　　救世軍大埔長者日間護理中心

伸手助人協會 樟木頭老人度假中心　　　伸手助人協會 麗瑤 白普理護老院

靈實 司務道寧養院　　　　　　　志蓮淨苑 志蓮護理安老院

安貧小姊妹聖瑪利安老院　　　　　潔心女修會 慈星閣

善寧會 賽馬會 善寧之家　　　　天主教教區 聖母無原罪主教座堂

謹此銘謝曾經協助「3G圓滿人生」課程之熱心人士

³G圓滿人生 ② 退休後的幸福

策劃
蕭孫郁標 BBS　陳丘敏如

主編
蕭孫郁標 BBS　方玉輝醫生 MH

編輯工作小組
鄭捷欣　余英銳　張凱嫻
勞榮斌　楊桂蘭　陳愛娜
周錦翠　張國忠　魯慕瑤

極地照片攝影
李樂詩

美術總監及封面與插圖設計
余英銳

責任編輯
謝妙華

設計
陳玉菁

出版
萬里機構出版有限公司
香港鰂魚涌英皇道1065號東達中心1305室
電話：2564 7511　　傳真：2565 5539
網址：http://www.wanlibk.com

發行
香港聯合書刊物流有限公司
香港新界大埔汀麗路36號中華商務印刷大廈3字樓
電話：2150 2100　　傳真：2407 3062
電郵：info@suplogistics.com.hk

承印
中華商務彩色印刷有限公司

出版日期
二零一八年七月第一次印刷